中国民间金融市场的
合法性变迁

陈氚 著

ZHONGGUO MINJIAN JINRONG
SHICHANG DE HEFAXING BIANQIAN

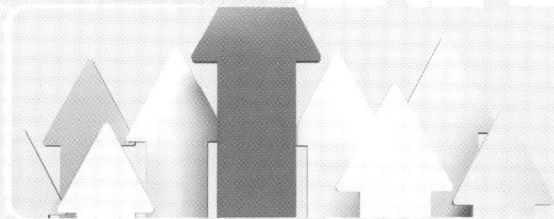

中国社会科学出版社

图书在版编目（CIP）数据

中国民间金融市场的合法性变迁/陈氚著.—北京：中国
社会科学出版社，2019.12
ISBN 978 - 7 - 5203 - 5482 - 0

Ⅰ.①中… Ⅱ.①陈… Ⅲ.①企业融资—金融法—
研究—中国 Ⅳ.①D922.280.4

中国版本图书馆 CIP 数据核字（2019）第 232448 号

出 版 人	赵剑英
责任编辑	刘 艳
责任校对	陈 晨
责任印制	戴 宽

出　　版	中国社会科学出版社
社　　址	北京鼓楼西大街甲 158 号
邮　　编	100720
网　　址	http://www.csspw.cn
发 行 部	010 - 84083685
门 市 部	010 - 84029450
经　　销	新华书店及其他书店

印　　刷	北京明恒达印务有限公司
装　　订	廊坊市广阳区广增装订厂
版　　次	2019 年 12 月第 1 版
印　　次	2019 年 12 月第 1 次印刷

开　　本	710 × 1000　1/16
印　　张	12
插　　页	2
字　　数	168 千字
定　　价	66.00 元

目　　录

图表目录

第一章 导论：民间金融的合法性疑云

一 背景与问题：改革中的民间金融

民间金融，在国际学界中也被称为非正式金融，泛指一切在国家金融机构监管之外的金融活动①。在我国，同时含有政府主导之外的金融活动之意。我国的民间金融有着较为久远的历史，非官方的金融活动可以追溯到新中国成立以前。新中国成立后，随着新的社会主义金融体系的建立，大部分金融活动由中国人民银行实施监管。在20世纪80年代的银行制度改革之前，企业等机构直接获取政府拨款，现代意义上的商业存贷款关系并不存在。在计划经济向市场经济的转变中，原有的中央政府掌控的资金调拨制度逐渐被商业化的金融体系取代。随着四大国有商业银行和一些股份制银行的建立，以及市场化的证券市场、债券市场的成立，具有中国特色的商业金融体系逐步建立和完善。然而，在国家监管的正式金融体系之外，还存在一个庞大的非正式金融系统。

尽管在中国的乡村一直存在着民间借贷的传统，正如国内外一些乡村金融研究中所提及的民间合会、走会（ROSCA）制度，乡村高

---

① Tsai, K., *Back-Alley Banking*: *Private Entrepreneurs in China*, Ithaca: Cornell University Press, 2002.

利贷，等等①②③④，但是民间金融的真正兴起源于市场经济改革以来非公有制企业的飞速发展。有学者指出，在缺乏正规金融机构支持的情况下（商业银行体系尚未改革完善，私人企业难以获得贷款等），私营经济贡献了中国超过40%的经济总量。任何企业的发展都离不开资金的支持，支撑着这一奇迹的正是民间的非正式金融活动⑤⑥。因此，在某种意义上，民间金融的演化既是中国社会从计划经济向市场经济转轨的产物，又在一定程度上支撑着中国经济改革的进程。

在80年代末期到90年代，民间金融活动，尤其是在东南沿海区域的民间金融活动达到顶峰。在地方政府默许下，私人金融机构、私营企业间的非正式借款极其普遍，成为对正式金融制度的补充⑦。2000年以后，随着实体资产价格的走高、房地产市场的繁荣，民间金融通过筹集资金投资房产等行为，又一次兴盛。而较低的正式银行利率，也使得普通居民有可能放弃将资金投入正式银行，从而为民间金融的繁荣再次提供了可能。2008年的金融危机，逐渐波及全球。浙江、江苏、内蒙古、山西出现了民间金融市场的崩溃现象。随即，民间金融市场引起了媒体和学者的关注，中央政府也立即出台了相应的金融改革措施。民间金融市场爆发危机的原因及解决危机的对策成为金融学和经济学研究的热点话题。

---

① Jodhka, S., "Who Borrows? Who Lends? Changing Structure of Informal Credit in Rural Haryana", *Economic and Political Weekly*, Vol. 30, No. 39, 1995.

② Tsai, K., "Banquet Banking: Gender and Rotating Savings and Credit Associations in South China", *The China Quarterly*, No. 161, 2000.

③ Tsai, K., *Back-Alley Banking: Private Entrepreneurs in China*, Ithaca: Cornell University Press, 2002.

④ Light, I., I. J. Kwuon and D. Zhong, "Korean Rotating Credit Associations in Los Angeles", *Amerasia Journal*, Vol. 16, 1990.

⑤ Allen, F., J. Qian and M. J. Qian, "Law, Finance and Economic Growth in China", *Journal of Financial Economics*, Vol. 77, 2005, pp. 57 – 116.

⑥ Tsai, K., *Back-Alley Banking: Private Entrepreneurs in China*, Ithaca: Cornell University Press, 2002.

⑦ Tsai, K., "Imperfect Substitutes: The Local Political Economy of Informal Finance and Microfinance in Rural China and India", *World Development*, Vol. 32, 2004.

　　纵观1978年以后的民间金融发展历程，其合法性地位一直处在变化之中。长久以来，绝大部分民间金融活动处于法律禁止的范围内。自20世纪80年代中期开始，国家开始了对金融系统的立法工作①，民间金融的融资形式被排除在合法的金融系统之外。随即，国家对违法的民间金融经营进行了一系列的整顿。但是，尽管处在一种麦金农所谓的国家主导的金融压制体系下②，民间金融却依然遵循着自身的发展逻辑，顽强地发展壮大。最终，2012年，温州金融实验区的建立，标志着民间金融的法律地位获得了转机，原本不具有法律合法地位的大部分民间金融，获得了合法的地位。

　　如果我们将关注的焦点略作偏移，不局限于当下经济学中大量出现的民间金融成因分析和对策研究，而是将其还原为一种社会历史过程，那么一系列现实问题随即产生：在中国市场经济改革的过程中，原本被禁止和整顿的民间金融活动，为什么没有在国家力量的压制下逐渐衰落，反而最终获得政策的部分认可③？整个民间金融从政治和法律意义上的不合法，转变为法规和政策意义上的合法和准合法，经历了什么样的过程？

　　在经济社会学的传统中，我们还可以进一步探讨这一经验问题背后的理论蕴涵，即在国家、法律与市场的关系中，是什么因素决定（或者塑造）了市场中某种经济组织或者经济实践的合法性？为什么在不同的时期，同样的经济实践被国家和法律体系界定为非法，却可能具有实践意义上的合法性，而在随后的改革中被国家和法律体系界定为合法？一言以蔽之，我们试图在这项研究中追问：在中国社会的特定背景下，非经济因素如何历史地建构了市场合法性的变迁过程？

---

　　① 陈蓉：《"三农"可持续发展的融资拓展：民间金融的法制化与监管框架的构建》，法律出版社2010年版。

　　② MacKinnon, R., *Money and Capital in Economic Development*, Washington, D. C.：The Brookings Institution, 1973.

　　③ 此处"部分认可"的判定基于2005年以后小额贷款公司政策的改变，2012年温州金融试验区和广东金融街的成立。

二　金融社会学的解释视角

中国的民间金融问题一直是金融学和经济学领域的重要研究议题。对于金融现象，传统的社会学研究尚未充分展开。随着美国新经济社会学的兴起和欧洲学者"关于金融市场的社会学"（the sociology of financial markets）研究的发展，社会学对金融现象的研究也羽翼渐丰[1][2]。在这一学术传统中，金融或被视为嵌入于微观的社会关系/宏观社会结构中的社会现象，或被视为行动者与各种社会因素相互作用的建构产物[3]。总体而言，社会学学者们在既有的社会学理论框架中，从不同于经济学的角度重新阐释了金融现象。

在这一研究中，笔者也将从社会学的理论视角出发，将金融社会学的理论宣称付诸实践，以社会学的视角重新审视这一经济学的热点议题。因此，在这一部分，我们将确定解释中国民间金融现象的理论视角，并且指出这种视角与传统经济学解释的不同之处。正是这种差异性，为我们理解中国的民间金融现象，提供了另外一种可能。在阐述本次研究的理论视角之前，我们首先需要明确指出本次研究所力图避免的视角。

（一）常见解释的三大神话

在社会科学中，神话的隐喻意味着先入之见，意味着那些未经反思即被判为真理的流行解释[4]。在关于民间金融的众多研究中，占据

---

① Cetina, K. and A. Preda, *The Sociology of Financial Markets*, New York: Oxford University Press, 2005.

② Carruthers, B. and J. C. Kim, "The Sociology of Finance", *Annual Review of Sociology*, Vol. 37, 2011, pp. 239 – 259.

③ 陈氚：《超越嵌入性范式：金融社会学的起源、发展和新议题》，《社会》2011 年第 5 期。

④ ［英］安东尼·吉登斯：《为社会学辩护》，周红云等译，社会科学文献出版社 2003 年版。

主流的经济学解释，为我们理解民间金融作出了重要的贡献，却是建立在固有的理论预设的前提之上的。而对经济学解释毫无批判地接受，固然可以达到某种程度的片面之深刻，却忽视了经济现象背后的更加广阔的社会因素。

　　既有社会科学关于民间金融的主流理论中，"理性人的假设""法律规则的真正实现""历史的有效率性"是本次研究所力图批判且避免的。这三条理论假设，隐藏于国内民间金融现象的经济学研究中。

　　关于民间金融产生/发展、法律地位变迁的第一种解释来自素朴的常识论和简单的古典经济学：市场中的个体对民间金融的需求，是民间金融市场发展的根本原因。任何政府/社会等结构的制约因素，无法从根本上消灭这种需求。理性的经济行动者会采用各种手段对抗政府压制。而先天的金融需求，也就构成了民间金融市场的先天存在的合法性根源[①]。这一逻辑下，人们的常识与古典经济学家们取得了惊人的一致。而建立在这一假设之上的"金融压制理论"，也似乎在经验层面上获得了一定程度的验证[②]。然而，社会学的反思却告诉我们，简单地将宏观社会现象还原于个体动机，首先需要面对方法论集体主义者的诘难，我们暂且不提。退一步讲，即使是真的将民间金融现象归结于个体的需求，我们也需要进一步反思，在中国社会由计划经济体制向市场经济体制过渡的阶段，这一民间融资的需求是先天具有的，还是随着新的市场制度而诞生的？如何又能肯定，这种需求和动机本身是不是一种后天建构的产物呢？如果这种民间融资的需求不是本质性的，那其存在的合法性又是如何一步一步确定的呢？在波兰尼等人那里，市场经济本身就是一种社会建构的产物[③]，并非具有先

---

　　① 诸葛隽：《民间金融》，中国经济出版社 2007 年版。

　　② MacKinnon, R., *Money and Capital in Economic Development*, Washington, D. C. : The Brookings Institution, 1973.

　　③ ［英］卡尔·波兰尼：《大转型：我们时代的政治与经济起源》，冯钢、刘阳译，浙江人民出版社 2007 年版。

天的合法地位，今天的市场经济制度，恰恰是国家、组织等行动者通过社会行动构建而成的。因此，从社会学的视角来看，民间金融存在的合法性与发展路径并非由个体的先天需求所决定，相反，我们趋向于将其理解为"市场的神话"，抑或是一种关于市场意识、私有制金融和金融自由主义的意义系统，在中国市场经济改革的实践中被确立、形塑与认同的历史过程。

同时，民间金融的发展也并不仅是个体与国家行动者理性行动作用下的产物。经济学中的"经济人"假设，实际上暗含着至少两重逻辑前提。首先是边沁、穆勒等人提及的"功利主义"前提，这一假设在很大程度上是对人本性的伦理学设定。在大多数时候，尤其是竞争激烈的市场经济下，这种假设往往是成立的，并且具有一种"预言的自我实现"的力量。但是，另一项"理性能力"的前提，却被心理学家们从科学上批判，卡尼曼和特沃斯基等学者关于认知偏差和有限理性的研究，证明了实践中完全理性假设并不能实现[①]。但是，拥有常识的人们却往往仅从社会行动动机上的"功利主义"，就推演出行动者能力上的"理性行动"，这是一种较为常见的谬误。恰恰在中国民间金融市场中，无论是市场上的民间金融发起者，还是作为市场管理者的地方政府乃至国家，都不能简化为仅仅为了经济利益考量的理性人，而是真实动机更加复杂、行动能力受到制约的社会行动者。尤其对于国家行动者而言，其行动动机的复杂化、国家能力的限度、政策行动的意外后果，更是构成了本次研究的重要理论前提。

关于民间金融产生/发展、法律地位变迁的第二种解释来自新制度主义经济学。在新制度主义经济学学者看来，改革的要求，也就是制度变迁所带来的法律体系、政策体系的变迁，造就了合法性的变化。而制度变迁的动因往往又沿用新制度经济学的解释路径，

---

① ［美］卡尼曼、斯洛维奇、特沃斯基：《不确定状况下的判断》，方文等译，中国人民大学出版社 2008 年版。

是因为通过成本—收益分析后，原有的金融市场制度不适应市场的实践①。其中，诱致性变迁理论强调民间金融的市场行动者是制度变迁的推动者，新的金融制度更加符合其经济利益的最大化，而国家最终以立法的形式确立了新的制度。而强迫性变迁理论则强调国家处于改革和经济发展的需求，自上而下地推动了民间金融的制度变迁进程②。无论是哪种解释方向，最终，金融市场上经济实践的合法性变化被还原为制度变迁的过程。

在新制度主义经济学的解释中，同时隐含着"法律规则的真正实现"和"历史的有效率性"两大前提。尽管两种制度变迁理论解释的路径有所区别，但是，其研究的因变量都是金融市场上的制度变化，往往又被国内学者简化为正式的经济制度和政策法规③。尤其在强调国家主导的强制性制度变迁理论中，国家政策的变化最终标志着制度变迁的达成。诚然，政策变化是中国民间金融市场变迁的重要标志，但并不是金融市场变迁的全部。在真实的实践中，国家出台了相关政策法规，并不意味着改革的完成，或者市场上的金融实践发生了真实的改变，甚至在很多情况下，书面制度层面与实践层面出现了背离。在法律社会学看来，作为条文的法律与作为实践的法律之间的距离，是社会学研究的基本起点④。如若存在一种斯维德伯格提出的"法律的经济社会学"的话⑤，这一视角正是要分析，市场上的法律规则在什么样的社会情境下，无法被实现，而又在什么样的情况下，法律得以实现，从而真正的市场变迁得以完成。

如果我们承认，民间金融市场上存在着国家法律与真实实践相分

---

① 诸葛隽：《民间金融》，中国经济出版社 2007 年版。

② 史晋川、叶敏：《制度扭曲环境中的金融安排：温州案例》，《经济理论与经济管理》2001 年第 1 期。

③ 陈氚：《"操演性"视角下的理论、行动者集合和市场实践——以重构中关村电子产品市场的失败为例》，《社会学研究》2013 年第 2 期。

④ Edelman, L. and M. Suchman, "The Legal Environments of Organizations", *Annual Review of Sociology*, Vol. 23, 1997, pp. 479–515.

⑤ Swedberg, R., "The Role of the Market in Max Weber's Work", *Theory and Society*, Vol. 29, No. 3, 2000.

离这一前提，就不能简单地将民间金融市场合法性的变迁还原为国家主导的金融法律体系变迁（强制性制度变迁），也不能将其归结为自发的制度选择结果，即出于成本比较因素，被国家认可的过程（诱致性制度变迁）。

新制度主义经济学中的另一项饱受批判的假设，就是"历史的有效率性"。当社会科学学者站在社会现象的某一时间结点，回溯这一现象发生的历程时，很容易陷入对既有事实的合理性解释。正如个体行动者在回顾自身的行动脉络时，可能会混淆自己事后赋予行动的合理性与行动本身的理性[1]，制度主义经济学的"经济人"假定也可能将既有的制度变迁都还原成目的论式、理性选择式的历史必然结果。从历史制度主义的角度出发，并非每一个事件的结果都是人为的理性选择产物。历史往往具有偶然性，并不必然呈现出当下的面貌。例如，历史学家对欧洲瘟疫与文艺复兴的研究，对中国明末的瘟疫与李自成兵败的分析，以及安东尼·陈在研究民权运动时采用的"反事实"分析[2]，都暗含着非线性与多重可能性的历史观。

基于传统的"历史有效率"假设，现存的民间金融制度被视为一种历史的合理产物，是国家主导的改革与民间行动者合作与博弈的产物。首先，这样的解释失去了批判性，以此逻辑，民间金融发展演进的每一个关键节点，都是博弈的双方或者多方理性选择的产物，现存的制度即为历史的合理选择。这显然忽视了民间金融合法性演变中权力不平等、国内外情境、行动者的能力限度等因素。其次，这种保守主义的解释在简化历史逻辑的同时，也消解了社会科学学者的解释力度。有效率的历史并没有为解释者留下"惊奇"的空间。对中国民间金融解释似乎无须多言，无法超越普通民众的直观感受。历史被纳入常识的理解框架内，或者说经济学的理性选择

①　［英］安东尼·吉登斯：《社会学方法的新规则：一种对解释社会学的建设性批判》，田佑中、刘江涛译，社会科学文献出版社2003年版。

②　Chen, A., *The Fifth Freedom: Jobs, Politics, and Civil Rights in the United States, 1941 – 1972*, New Jersey: Princeton University Press, 2009.

框架与常识的功利主义框架达成了一致，使得对民间金融的解释基本上在重复常识。

（二）一种社会建构论视角

社会建构论的视角是人文社会科学的常见视角，只是较少被经济学家提及。在国内经济社会学界，针对经济领域的社会建构研究也并不多见。事实上，在西方经济社会学领域，具有建构论色彩的研究是其重要构成部分[1][2]，沿袭着经济社会学的基本研究框架的金融社会学，同样也具有浓厚的社会建构论色彩。

社会建构主义的视角与结构主义相对。与结构主义强调客观的结构因素制约人类的行为、塑造社会现象的结果相比，建构主义更加强调对社会结构如何生成的过程进行探讨。在沿袭着列维－斯特劳斯的结构主义人类学、迪尔凯姆的方法论集体主义式的制度研究、索绪尔的语言学结构主义之后，美国社会学在帕森斯之处，将结构—功能主义的研究范式发展至高峰。然而，与此同时，具有现象学传统与后现代主义色彩的社会建构主义也逐渐发展壮大。伯格和卢克曼在《现实的社会建构》中，概括了社会建构论的理论渊源与基本理论视角[3]。吉登斯的结构二重性、结构生成理论及布迪厄的实践理论都为社会学中的建构主义研究提供了理论基础。

伯格等人提出了一般意义上社会建构论的基本立场和过程。他们认为，社会秩序是持续不断的人类实践的产物，不来自任何生物学，也不是自然法则的一部分，而是人类产生社会秩序的过程。这一过程包含着惯习化、制度化和合法化。首先来自人类行为的惯习化，也就是人类行为不断重复形成的一种模式。当"存在与各种类型行动者惯

---

① Swedberg, R., "Major Traditions of Economic Sociology", *Annual Review of Sociology*, Vol. 17, 1991.

② Zelizer, V., "Beyond the Polemic on the Market: Establishing a Theoretical and Empirical Agenda", *Sociological Forum*, Vol. 3, No. 4, 1998.

③ ［美］彼得·伯格、托马斯·卢克曼：《现实的社会构建》，汪涌译，北京大学出版社 2009 年版。

习化行动相应的典型化（定型化）行动，制度化就已经出现"①。制度化是人类的个体行动稳定地沉淀到集体行动的重要环节。与此同时，制度活动的客观化意义被作为一种集体知识传播，成为一种固有的共同知识库存体系。而伯格认为，合法化往往在制度秩序需要传递给下一代时发生，这是一种将"已经制度化的初级秩序客观化"的过程，使得社会的参与者相信制度秩序存在是有依据的，合法化就是一种"解释和证明的过程"，赋予强制性一种"规范和尊严"②。

布尔在对建构主义的介绍中，提出建构主义的共同特征：对常识性知识的批判、对文化和历史特殊性的强调、共有知识系统由社会维系、知识系统和社会行动之间的互动。国内学者文军等人将社会理论的建构主义视作一种具有批判性的解放理论和生产理论，认为其具有对现存理论和实践层面的颠覆意义。文军归纳出了建构主义的三大特征：本体论上的相对主义态度，认识论意义上主张行动者的交往互动，方法论意义上阐释与辩证的取向③。

与结构主义相比，社会建构主义首先解构了人们知识体系中对现有结构固化的认知。例如，在关于性别的建构主义研究中，"社会性别"理论的提出，解构了"性别"一词天然的区分作用，提出人们日常话语系统中的"性别"也是一种后天生成、由社会定义和塑造的产物。而在经济社会学中，道宾提出，在经济领域中，人们的"理性"概念并非先天生成，而是一种社会建构的产物。不同的国家，各自不同的政治传统、观念和治理模式，使得同样被称为"理性"的铁路产业政策，呈现出完全不同的表现④。

另一方面，社会学的建构主义更加注重社会结构生成过程中行动者的作用。在极端的社会建构主义那里，社会结构纯然是一种集体想

① ［美］彼得·伯格、托马斯·卢克曼：《现实的社会构建》，汪涌译，北京大学出版社 2009 年版，第 47 页。

② 同上书，第 77 页。

③ 文军：《制度建构的理性构成及其困境》，《社会科学》2010 年第 4 期。

④ Dobbin, F., *Forging Industrial Policy*: *The United States*, *Britain*, *and France in the Railway Age*, Cambridge：Cambridge University Press, 1997.

象、方法论误置的谬误，最终需要研究的就是行动者的行动本身。拉图尔（Latour）认为，社会结构在被研究之前，并不能假设其存在，社会结构完全是由行动者在行动过程中构成的①。例如，在麦克恩泽等人的研究里，美国芝加哥的期货市场并不具有天然合法的地位，早期的金融衍生品市场甚至被视为赌博。其今天的合法性，是由行动者——包含着经济学家、经济学工具②——在历史的过程中建构而成的③。

在对中国民间金融市场合法性变迁过程的研究中，我们将采用非激进的社会建构论的基本视角，同时并不否认结构性因素的存在。当下中国民间金融市场的状态，笔者并不将其视为一种先天合理的必然存在物，而是视为一种行动者行动生成的结构或者制度。民间金融市场并非在纯粹的经济领域自在自为地发展，而是在社会因素的作用下，由社会行动者建构而成。因此，在一种建构主义的视角下，民间金融的合法性变迁包含着以下几个基本现象层面：

首先，无论是"市场""民间金融组织"还是"改革"，在20世纪70年代末与80年代初的中国社会，都不具有必然的先在合法性，而是受到各方力量的推动，进而形成的被全民认可的社会集体认知。

其次，"民间金融"与"经济发展""中小企业融资""金融风险"等之间的因果关系，并不是一种绝对关系，而是一种在历史中逐渐演化和发展的相对关系。民间金融的合法化过程，也就是金融自由主义、金融风险理论的认知体系逐渐被国家与社会接纳和认可的过程。

最后，"中央政府""地方政府""民间金融经营者""社会民众""经济学者"是民间金融市场合法性演变过程中重要的行动者。

---

① Latour, B. , *Reassembling the Social：An Introduction to Actor-Network-Theory*, New York：Oxford University Press, 2005.

② 经济学理论和经济学工具都被视为非人行动者。

③ MacKenzie, D. and Y. Milo, "Constructing a Market, Performing Theory：The Historical Sociology of a Financial Derivatives Exchange", *American Journal of Sociology*, Vol. 109, 2003, pp. 107 – 145.

三 研究的方法论讨论

（一）方法论基础：有限度的实证主义

众所周知，社会学长久以来的理论流派分歧也带来了研究方法上的分裂。实证主义社会学与诠释主义社会学各持一端，在基本的研究预设、研究取向上不尽相同。这一分歧的哲学根源涉及对"客观与主观""科学与非科学""人文科学与自然科学""宏观与微观"等矛盾的不同理解，限于篇幅不在此多做论述。在这一研究中，笔者承认自己的立场是一种"有限度实证主义"。换言之，如果站在严格实证主义的立场上，那本次研究将是一种非实证主义研究。

"有限度的实证主义"中的"实证"意味着本次研究仍然以经验事实为依据，通过实证材料的收集论证观点，同时，遵循实证主义研究的学术规范，在研究者的主观动机上保持一种客观性，不去主动歪曲现存的实证材料。"有限度"意味着笔者承认在这一研究中，并不抱有发现社会现象"普遍规律性"与"绝对客观性"的价值观，也不认为针对中国民间金融市场合法性变迁过程的研究，可以垄断绝对且唯一正确的解释。

笔者接受"后诠释主义"相对客观性与相对真理论的论述，认为即使研究者保持着主观上的客观立场，也不能保证最终结论的价值中立与绝对客观。同时，遵循布迪厄等学者反思社会学的观点，研究者在进入研究领域之前，承认自身无法完全摒除对研究对象的理论理解①。在对中国民间金融市场合法性变迁的研究中，笔者的结论将是一种针对特定的社会历史现象的解释，并且这一解释基于特定的理论视角。

首先，关于中国民间金融合法性变迁的理解，笔者并不宣称其

---

① ［法］布迪厄、［美］华康德：《实践与反思——反思社会学导引》，李猛、李康译，中央编译出版社1998年版，第7页。

具有普适意义。经由这一特定情境下的历史事实归纳而出的结论，未必具有自然科学一般的普遍规律性。对这一重要个案的研究，其首要现实意义在于理解人类历史上出现的独特社会现实——中国经济社会转型中的民间金融变迁。其理论追求，并不是在本次研究中得到一种普适性理论。这种特定理解能否推及到其他社会类型与情景之中，在本次研究中仅通过一种理论上的逻辑加以演绎。按照实证主义的要求，针对中国社会得出的结论是否真的具有普遍意义，有待更进一步的对比研究，例如，通过研究其他社会中的类似现象加以证伪。而本次研究，仅限于通过与既有理论的对话，得出针对中国社会现实的知识，这种知识可以作为普遍性理论的一种假设，为未来的实证主义研究提供可供鉴别的命题。更重要的意义在于，这种研究结论应当同人类既有的解释理论展开对话，反思既有理论的限度。

其次，本次研究对民间金融的解释并不垄断其他视角解释的可能。对于本次研究的结论，笔者并不宣称发现了民间金融合法性变迁的真实且唯一因果逻辑，而仅仅承认是在社会建构论视角下的一种解释。至于这种解释的合理程度，依赖于解释本身的逻辑自洽性与对历史材料的理解程度。而关于民间金融的讨论，无所谓"绝对正确"与否。无论是经济学的解释还是政治学的解释，其真理性都无法摆脱特定的范式，无法脱离知识共同体与未来更加广阔的社会共同体的审视与共识。

（二）历史研究方法的回归

社会学与历史学向来保持着密切的联系，历史学家需要通过社会理论来重构对历史的理解，社会学家的理论也往往建立在历史资料的基础之上。阿布拉姆斯甚至指出社会学的本质就是历史学[①]。在

---

① Abrams, P. , "History, Sociology, Historical Sociology", *Past & Present*, No. 87, May, 1980, pp. 3 – 16.

经济社会学领域，比较历史研究方法毫无争议地成为经济社会学的主流方法①，这一传统直接承继自韦伯一系列关于宗教、文化与经济的历史社会学研究，深受波兰尼关于欧洲"大转型"研究的影响，也吸纳了埃利亚斯、福柯、梯利、斯考切波、卡斯特对于历史材料的分析视角与方法。

国内经济社会学界对于历史研究方法的应用，虽有涉猎，在笔者看来，却仍未给予其足够的重视。当下国内经济社会学中显学，无疑是源自格兰诺维特的社会关系网络研究，往往更多地采用量化方法分析个体或者群体社会网络的构成，分析社区的社会资本存量，以及作为自变量的社会关系网络对一切经济变量的影响。此种研究，固然意义重大，但却不应构成经济社会学的全部。忽视历史研究方法，也就进一步忽略了当下许多重大社会经济现象的发展脉络和历史根源，无疑将经济社会学的研究视野囿于当下，失去了本应具有的深度与广度。

究其根源，在笔者看来，至少同时具有观念与技术两种层面的因素。从观念角度来看，尚有国内学者限于学科，希望维持社会学与历史学的严格意义上的学科界限。在某些学者看来，社会学与历史学的区别在于前者研究当下，而后者研究过去。事实上，任何当下的社会现象都无法摆脱历史而独立存在，而当下的很多社会经济现象更是一种历时性的现象。简单的截面研究往往隐含着研究之前对社会静止的假设，会导致对过程的忽略。此外，在注重过程的学者那里，往往采用类似于微观人类学的方法，将历时性局限于个体层面，较少将其上升到宏观层面。

从技术的角度来看，美国经济社会学盛行的历史研究往往建立在丰富的二手资料的基础之上。国内学者对亲自调查的一手资料更为偏爱，认为其效度更好。黄宗智也认为，在某些时候，对第一手资料的

---

① Smelser, N. J. and R. Swedberg, *The Handbook of Economic Sociology*, New Jersey: Princeton University Press, 1994.

收集，注重田野调查，这是中国学者相较于西方学者的优势。但是，在另外一些情形下，我们不应忽略一句名言，"要想研究凯撒，不必成为凯撒"。二手资料，可以让研究者超越时空的限制，在更广阔的历史空间发展社会理论。例如，韦伯对遥远的中国的儒教与道教的研究，构成了其宏观的文化与经济发展理论的重要部分①，卡如瑟斯对18世纪英国证券市场的研究，拓展了经济社会学关于政治嵌入性的理论②。道宾对英国、美国、法国铁路历史的研究，以及对20世纪中叶以来的美国民权运动的发展历程研究，都是取之于二手历史资料，应用于社会学研究的典范。

尽管二手资料有可能存在着记录的客观性问题，尤其在中国当代社会语境下；但是，这些记录的组织与应用的合理程度，取决于研究者合乎逻辑与公开的解读。种种记录，必然是社会现实在人类社会中留下的痕迹和档案。例如，研究中使用报纸中记者关于某一现象的报道，并不直接影响和代表研究者的观点，而是需要研究者将其客观呈现，分析其中有价值之处。更为重要的一点是，在特定情况下的二手资料中，主观造假的意图并不明显。而政府的工作报告和统计资料等，在某种程度上反映了相对的真实，或者可以分析出作为象征符号的政治表象。因此，二手资料作为历史痕迹，就其内容而言有可能包含主观的层面，但是其存在本身是客观的，其内容的偏差和不可信本身，也是可供分析的对象。

从最严格意义上讲，无论是二手历史资料收集，还是第一手的访谈资料，还是定量方法中常用的问卷调查、国家统计数据，都只能做到相对的客观性与真实性。这些也是笔者承认自己是"有限度的实证主义者"的重要原因。承认自己采用研究方法的客观性限度，才能更加诚恳地做到实事求是，反而更加趋近于真实。

---

① ［德］韦伯：《儒教与道教》，洪天富译，江苏人民出版社2003年版。

② Carruthers, B., *City of Capital*: *Politics and Markets in the English Financial Revolution*, New Jersey: Princeton University Press, 1996.

（三）具体方法的无政府主义

面对社会学研究中定量方法与定性方法、数理统计方法与人类学方法的分裂，不少学者提出了"方法论的无政府主义"观点，即不预设自己使用的方法，仅针对研究的需要选择工具。笔者赞同这一基本立场，并且认为此种观点本身即构成一种固定的方法论取向，更加准确且实用的宣称应该为"具体研究方法"的"无政府主义"。在本次研究中，笔者计划不受限于方法的制约，反对方法决定理论的观点，而是坚持将方法视为理论导向、收集感性材料工具。

因此，在对中国民间金融市场的研究中，为了研究民间金融组织运行的具体实践，笔者将采用人类学的方法。通过对民间金融从业者的访谈，对民间金融活动进行体验式观察；为了研究政府对于民间金融的管制活动，笔者收集了关于政府治理民间金融的年鉴、档案、政府文件、媒体报道等文字材料。同时，学者、官方及非官方研究机构的研究报告也构成了研究分析的对象。此外，在金融领域较为常见的统计数据，也为本次研究提供了帮助。

这种"无政府主义"的方法取向，很容易受到来自两大阵营的诘难。故而，在研究展开之前，我们首先对此进行讨论。不少学者认为定量分析方法与定性分析方法难以融合，且必须加以区分，的确有其深刻道理。二者的差异的确并非在于简单的材料收集手段的不同，而在于研究的逻辑取向的不同。

现有的主流定量研究方法大都以自然科学为蓝本，遵循严格的自然科学研究范式。在研究之前通过理论推演，得出研究假设，进而使用建立在概率论基础上的统计方法，对既有的研究假设进行证伪。最终得出概率论意义上的具有普遍性和客观性的结论。而定性为主的研究方法，则往往以人类学方法为主，通过对某一社区、某一共同体的体验式观察与深度访谈，采用吉尔茨所谓的"深描"，得出关于某一个案或总体社区的地方性知识，放弃对结论绝对普遍性的追求。

二者研究取向和研究逻辑的不同，看似无法结合。但是，这是建立在承认自然科学主导范式的基础上，所产生的无法调和性。因为，在追求客观性和普遍性的定量研究中，定性研究充其量只能成为研究的前期准备，无法进入统计学的研究过程。故而，自然科学的定量社会学，只能排斥定性研究。而在放弃绝对普遍性和绝对客观性的个案研究或者社区研究过程中，定量数据分析方法和定性并无逻辑矛盾。理论上，关于一个社区的研究，完全可以通过数量的分析来得出针对此社区有效的结论。人类学之所以没有在研究中大规模地引入定量分析，其主要原因在于时空的限制与定量数据获得的困难性。在狭小的村落或者现代组织中，人本身具有的洞察力足以理解，甚至可以更好地理解社会现实。

但是，当人类学研究对象在时间与空间上被拓展开来时，定量方法与定性方法的按需取用就出现了新的条件。首先，研究对象的特定性，如一段特定的重要历史进程，并不必然要求研究结果具有完全的普遍性，相反，应该具有针对性，这就提供了定性研究的空间。其次，研究对象的历时性，超越了研究者此时此地的存在，这就为研究者借用统计、计算方法提供了足够多的样本空间和统计对象。最后，在针对当代经济社会领域重要事件的研究中，社会本身的自我统计和记录技术也日趋完善，也为研究者定量分析的应用提供了可能，而自我记录的文字资料，又构成了定性分析的档案。因此，在对于特定社会事实的历史进程的研究中，完全可以根据需要来选择定性、定量或者定性与定量结合的方式来收集档案、痕迹、统计数据，进而得出研究的结果。例如，在安东尼·陈关于美国黑人权利运动研究中，既利用了公开政策、媒体、书籍等定性材料，又利用了地方议会、法院、白宫的投票记录建构出数理模型，最后得出关于美国黑人运动的党派政治斗争和地方政治斗争的理论[①]，很好地结合了定量分析与定性分析。

---

① Chen, A., *The Fifth Freedom: Jobs, Politics, and Civil Rights in the United States, 1941 - 1972*, New Jersey: Princeton University Press, 2009.

（四）跨越研究层次的争议与试验

这一研究，笔者关注中国民间金融市场合法性的变迁。研究对象是 20 世纪 80 年代以来中国民间金融发展的历史轨迹。从广义上讲，整个国内民间金融市场以及围绕民间金融市场相关的行动者构成了这一研究的直接研究对象。为了理解民间金融市场的具体运作模式，笔者同时选定江苏北部的徐州地区，采用人类学的方式，探讨其运行策略、对国家宏观政策的回应策略等，试图将微观行动策略整合进民间金融合法化的变迁历史之中。

因此，本次研究在研究层次上有可能引起一定的争议。如果将民间金融演变过程中的底层行动者，视为微观层面的行动者，那么国家行动者引发的制度变迁过程，则可以被视为相对宏观的层面，在这种意义上，本次研究实际上包含了微观与宏观两个层面①。微观层面囊括了民间行动者具体的行动策略与过程，宏观层面涉及国家政策的变迁。

在传统的社会学研究视角下，微观与宏观的研究层次并不能简单地合并在一起。从具体的微观行动者，到宏观的社会制度与社会政策之间，存在着复杂而又不明确的关系。将宏观层次的研究，与微观层面的研究混淆，将是传统社会学观点认定的逻辑谬误。但是，在这一研究中，笔者所持的社会建构论视角，恰恰可以在某种程度上解决微观行动者与宏观社会结构割裂的问题。

笔者坚持"理论决定方法的选择"。在社会建构论的视角下，笔者所要研究的，正是微观行动者的行动最终如何导致宏观社会结构变迁的过程问题。最终的理论期待，就是获得各方行动者互动，进而影

---

① 严格意义上说，这里的微观与宏观都是相对的概念。如果将整个中国民间金融视为与普遍民间金融相对的个案，那么中国的"国家"，同样是一个个案中具体而确定的行动者，在这一意义上，中国的国家与中国的民间金融行动者一样，均为微观的概念。但是，通常意义上，国家行动的结果与痕迹，往往是一国范围内较长时段的制度变迁。这种制度变迁，相对于具体实践情境中的个体行动者，在时空范围内无疑应被划为宏观。

响到宏观结构的具体机制。这一过程，正好横亘在微观的行动者与宏观的变迁中间。问题的两端，是具体的民间金融实践与宏观的结构因素。对这一问题的探讨，如果缺失了具体实践策略分析和体验式感受，或者缺失了宏观金融制度的变迁历史，都会使得问题的讨论有所缺憾。在这种情况下，笔者既采用传统的人类学方法，理解自下而上的民间金融实践策略，又从宏观的视角收集历史资料和痕迹，了解宏观的经济变迁过程。

类似的方法，并非笔者首创。布洛维的"拓展个案研究"的方法，开启了人类学研究与历史学研究结合的典范，其理论追求也在于弥合传统社会学宏观研究与微观研究的鸿沟。在对传统芝加哥学派街头巷尾式的人类学研究的叛逆中，布洛维提出了社会学研究应当追寻"微观社会过程背后的宏观社会因素""宏观社会变迁背后的微观社会基础"，将微观的人类学研究和宏观的历史结构分析结合起来。为了实现这一研究目标，布洛维具体提出了研究过程中的四种手段，将其称为"四种拓展"：1. 将观察者扩展到参与者的生活之中。2. 将观察沿着时间与空间的层面扩展。3. 从微观的过程到宏观动力的扩展。4. 理论的扩展。

在每一种扩展背后，都需要包含观察者与参与者、连续的事件、微观与宏观、理论的持续重构之间的对话。在试图弥补微观与宏观之间难以逾越的鸿沟时，布洛维首先提到了米尔斯的社会学的想象力，这是一种从日常生活实践跃迁到实践背后的宏观社会因素的能力。另一种重要因素，就是研究者在研究之前持有的勾连微观过程与宏观社会力量的理论①。

本书与布洛维又略有不同，布洛维研究尤其以早期研究为代表，其出发点是人类学个案，从个案扩展历史层面，进而到社会宏观层面，理解"社会微观过程背后的社会力量"。而赋予历史色彩的人类

---

① Burawoy, M., *The Extended Case Method: Four Countries, Four Decades, Four Great Transformations, and One Theoretical Tradition*, Berkeley: University of California Press, 2009.

学研究也并不罕见,例如,在《消失的公顷》中,卡瑟里那对苏东剧变后,特兰西瓦尼亚①地区农村公有制产权向私有制产权转变具体过程的研究,就很好地结合了宏观的国家政策变迁与乡村中具体的实践策略②。而本次研究,则更倾向理解"社会变迁背后的微观基础",以及微观的行动者行动导致历史变迁的机制。从而,宏观变迁的历史,不仅是人类学研究中理解行动者行动动机的背景因素,而且是行动者行动的产物。

在这种意义上,笔者借鉴了布洛维的遗产。在本次研究中,笔者将尝试把宏观的制度变迁过程,以及可能引发政策变迁的微观实践过程,或者受到政策变迁影响的微观实践过程结合在历史的叙述中。这或者可以被称为"宏观叙事中的微观叙事"。类似的研究方式在历史学中较为常见,例如,孔飞力对"叫魂"这一历史事件的研究,结合了对具体的人物活动的描述③。而在社会学中,福柯对监禁历史的演化的叙述中,加入了对法院个别案例的阐释④。

但是,这种微观与宏观结合的研究也面临着严峻的困难。首要问题就是普遍性与特殊性的问题。微观层面的人类学调查,与宏观层面的社会变迁存在一个相对代表性的问题。人类学调查所选取的村落或地区,相对宏观层面讨论的市场变迁、产权变迁等而言,仅仅是整体中的个体。尽管,建构主义的行动论认为整体最终仍然是由个体的行动构成的,但是,一个区域内的有限的行动者,能否代表构成整个结构的群体行动者?具体到这一研究中,问题即为:理解徐州地区的民间金融行动者的实践逻辑,能否推断出影响整个中国宏观金融政策变迁的民间金融底层运作逻辑?

如果评判者是一个严格的实证主义者,持有迪尔凯姆的经典观点,

---

① 特兰瓦西尼亚为罗马尼亚的一个省。

② Katherine, V., *The Vanishing Hectare: Property and Value in Postsocialist Transylvania*, Ithaca: Cornell University Press, 2003.

③ [美]孔飞力:《叫魂》,陈兼、刘昶译,上海三联书店2012年版。

④ [法]福柯:《规训与惩罚:监狱的诞生》,刘北成译,生活·读书·新知三联书店2003年版。

即"社会学研究之前应排除一切先入之见"的话①，那么，本书的研究策略无疑是难以实现的，不符合自然科学逻辑的。但是，如果我们承认，在研究之前，研究者生活在作为研究对象的社会中，对于研究对象有了一定了解之后，则可以认为，在特定情况下，对个体的理解可以成为对其他个体理解的重要参考标本。例如，在知晓或者假定麻雀之间的存在共性后，解剖一只麻雀就有了普遍意义。在排除了已知的差异性之后，其内在的一致性可以成为我们理解问题的重要材料。

因此，从成为理解宏观问题的材料而言，笔者认为，对徐州地区民间金融的人类学研究可以成为诠释宏观问题的材料，基于以下几点，而这些，是研究之前的已知条件：

a) 徐州地区和中国其他地区的民间金融发展，基本上处于相同的社会转型背景下。各地的民间金融同时受到同样政治体制和治理体系下的国家控制，从被控制的角度而言具有相同性，即只有程度的差别而无"有无"的差别。

b) 民间金融的具体运营方式具有共通性，其本质是金钱的融通。关于台湾、日本、非洲、印度的一系列民间金融人类学研究证实了这一点②③④⑤。组织社会学研究也提出了相同的合法化背景下，组织具有同形性⑥。

c) 一些学者已经对中国各区域民间金融发展的差异性进行了研究，研究结果显示地方经济制度遗产、地方政府策略、金融生态环境

---

① ［法］迪尔凯姆：《社会学方法的准则》，狄玉明译，商务印书馆 1995 年版。

② Besley, T. and A. Levenson, "The Role of Informal Finance in Household Capital Accumlation: Evidence from Taiwan", *Economic Joural*, Vol. 106, 1996.

③ Patrick, H. and Y. C. Park, *The Financial Development of Japan, Korea, and Taiwan: Growth, Repression, and liberalization*, New York: Oxford University Press, 1994.

④ Tang, S. Y., "Informal Credit Markets and Economic Development in Taiwan", *World Development*, Vol. 23, Issue 5, 1995.

⑤ Timberg, T. and C. Aiyar, "Informal Credit Market in India", *Economic and Political Weekly*, Vol. 15, 1980.

⑥ Meryer, J. and B. Rowen, "Institutionalized Organizations: Formal Structure as Myth and Ceremony", *American Journal of Sociology*, Vol. 83, No. 2, 1977.

等有所差异①，但是这些差异所导致的是各地民间金融规模的差异和组织数量多少的差异，并不能抹杀其共通性。

d）在同一个政治体内部，具有同样的政治文化传统和认知框架，行动者面对同一个金融政策的反应策略大体相同。即使具体策略有所差异，但是差异背后仍然具有很大的共性。这种共性是由中国共同的文化政治传统和大一统的统治方式所赋予的。

基于以上前提，我们希望在研究中，承认地域文化、经济、政策的差异性，将研究方向定为地方性金融中的共性，获取对于中国金融市场的总体性理解。

四　本章小结与全书的框架

在第一章中，笔者提出了需要解释的问题：为什么中国民间金融能从法律意义上的不合法转变为合法和准合法的状态？区别于经济学解释，笔者从社会建构论的视角出发，将这一经验问题视为中国社会关于民间金融的集体认知发生转变的现象，而这种合法性被塑造的变迁过程，是各方行动者行动的产物。为了理解并解释这一过程，我们首先进行了方法论宣称，将秉持一种"有限度的实证主义"或者"非实证主义"的观点，进行历史社会学的研究。在研究中，采用"宏观叙事中的微观叙事"，历史研究和人类学研究、政策变化与微观实践的关系将是我们关注的重点。

在第二章，将总结关于民间金融的已有研究，同时进一步明确理解民间金融的理论模型。在第三章，通过一个特定的民间金融市场，理解民间金融底层运作的基本方式。第四章，我们将考察改革开放以来国家行动者对于民间金融市场的压制策略和历史。第五章，回顾和说明底层行动者对国家压制的具体回应。第六章，笔者转向国家与市

---

① Tsai, K., *Back-Alley Banking*: *Private Entrepreneurs in China*, Ithaca: Cornell University Press, 2002.

场外的第三方行动者，试图记录下这种压制—回应模式导致的社会治理危机，以及在压制—回应抗争模式背后，第三方行动者带来的社会集体认知变迁。第七章，笔者归纳出中国民间金融变迁的逻辑过程，同时对这一过程进行一种理论上的解释，与既有的经济学理论和社会学理论展开对话。

第二章　民间金融合法性
研究的理论溯源

在我们展开对民间金融的历史描述前，有必要将民间金融的合法性问题置于学术发展的脉络之中。针对中国民间金融的合法性问题，以往的学者虽然很少直接就此展开探讨，但是，围绕着民间金融和市场合法性的问题，既有的经济学、政治学与社会学研究都为我们提供了宝贵的理论资源。其中，社会学中关于行动与结构的理论，为我们以一种建构主义的视角展开叙事提供了理论的工具和框架。

一　经济学对民间金融的解释

在传统的学术分工中，民间金融现象，也就是非正式金融现象，是一个典型的经济学问题。这一领域中的经典研究大都由经济学学科和金融学科来完成。在针对非正式金融的产生原因上，西方经济学有两大经典的解释流派对其进行了详细的论述，它们分别是金融压制理论和信息经济学理论。

金融压制理论的提出者是著名经济学家麦金农。在针对发展中国家金融系统进行研究时，麦金农等人发现，正是政府对金融系统的行政管制和不恰当的金融政策，造成了发展中国家的金融系统无法体现市场机制，出现了发展迟滞的现象。而非正式金融市场的出现，正是国家金融压制的产物。国家对金融系统的管制并不是一种中性因素，它既能起到促进作用，又能起到压制作用。众多发展中国家政府对金融体制的过分管制，压制了正常的市场机制的调节作用，造成了市场的分割化，形成了二元的金融市场。即一方面是高度组织化、受到政府管制的正式金融系统，一方面是试图反映真实的市场利率价格的非正式金融系统①。在对众多发展中国家的经济数据进行分析后，他们发现，很多国家的正式金融市场的真实利率为负值，而只有非正式的地下金融市场，才能反映出真实的市场价格水平。这一流派的思想基本上延续了传统的自由主义经济学思想，与哈耶克对国家干预的反对的思路完全一致②，认为国家对市场的干预反而会损害市场的正常运行。金融压制造成的后果有很多，涉及宏观经济体系的各个方面，但仅就非正式金融市场而言，国家的金融管制无疑是造成非正式金融市场发展的重要因素。

金融压制理论将国家作为一个重要的解释变量引入到非正式金融的研究中去，对后来的诸多经济学研究乃至社会学研究产生了深远的影响。例如，后来的蔡欣怡对中国的非正式金融的政治学研究，以及学者们对东亚诸国和台湾地区的非正式金融研究，都考虑到了国家压制金融体系的因素。

而经济学传统中对非正式金融市场的另一项经典解释，来自于诺贝尔经济学奖得主斯蒂格利茨。在《不完美信息的借贷理性》中，斯蒂格利茨和威斯从微观的角度分析了借贷过程中的信息问题，即借入者和放贷者之间存在天然的信息不对称。在很多时候，放贷者很难完全获取借入者的信用信息，无法判断评估借出之后能否收回欠款③。在正式的金融系统中，可以对借入者建立信用档案，但是在发展中国家，在相对落后的偏远地区，现代意义上的信用制度无法建立的时候，就只能依赖非正式金融机构进行放贷。在另一篇文章中，斯蒂格

---

① MacKinnon, R. , *Money and Capital in Economic Development*, Washington, D. C. : The Brookings Institution, 1973.

② ［英］哈耶克：《致命的自负》，冯克利等译，中国社会科学出版社 2000 年版。

③ Stiglitz, J. E. and A. Weiss, "Credit Rationing with Imperfect Information", *The American Economic Review*, Vol. 71, No. 3, 1981.

利茨分析了非正式金融组织的信息获取优势，非正式的信贷组织可以通过"同辈群体"，也就是社会学意义上的熟人关系网络，获取借钱者的个人信息，同时也达到监督借钱者的效果①。根据斯蒂格利茨的思想，联合国的相关组织及众多国家的 NGO 组织在世界各地的落后地区展开了小额信贷的实验，这些实验均通过非正式金融组织向贫困者进行借贷。

延续着斯蒂格利茨的路径，很多学者对发展中国家的非正式信贷关系进行研究，进一步揭示了非正式金融组织对解决信贷关系中的信息不对称问题的作用，例如，阿当姆斯和艾哈德等人对苏丹的乡村金融的研究②，尤杜尔等人对非洲的非正式金融市场的调查验证了非正式的组织形式对于解决信息问题的重要性③。

而在国内经济学界关于非正式金融的研究中，除了沿袭金融压制理论和信息经济学对非正式金融的研究之外，也有学者从制度经济学的传统出发对我国的民间金融现象进行分析和探讨。在诸葛隽的《民间金融》中，作者在详细调查了温州的民间金融机构的组织形式和演化历史的基础上，将民间金融市场视为政府、民间金融机构、个体三方博弈的产物，而整个民间金融制度遵循着一种诱致性制度变迁的逻辑。这是指人们为争取获利机会自发倡导和组织实施对现行制度安排的变更或替代，创造新的制度安排，是人们在追求由制度不均衡引致的获利机会时所进行的自发性制度变迁。整个民间金融的演变，是金融体系内部的制度不均衡所致。追求利益的行动者自发地创造出新的民间金融制度安排。从根本上讲，民间金融的制度变迁仍然是遵循需求导致变迁的原则。国有的垄断金融力量不足，不能够满足当地中小企业的融资需求，从而新的非正式金融

① Stiglitz, J. E., "Peer Monitoring and Credit Markets", *The World Bank Economic Review*, IV, 1990.

② Adams, D. and A. H. Ahmed, "Transaction Costs in Sudan's Rural Financial Markets", *Africa Review of Money, Finance and Banking*, No. 1, 1987.

③ Udry, C., "Risk and Insurance in a Rural Credit Market: An Empirical Investigation in Northern Nigeria", *The Review if Economic Studies*, Vol. 61, 1994, pp. 495 – 526.

机构就此产生了①。

在涉及宏观的金融改革进程时，张杰沿袭制度经济学的传统解释路径，将诺斯的国家模型和假说加以扩展，解释整个金融市场变迁的历史进程。在一种新古典的均衡分析框架中，他提出"金融制度变迁过程是由具体的金融产权形式发起的金融产权创新行动，而不是某种力量自上而下安排的结果"②。整个中国金融市场制度变迁的重要环节，在于国家效用函数和制度安排之间的关系。这也意味着，中国金融制度从产权垄断，到最终的产权变迁，都是一种效用最优或者次优的选择所决定的。根据张杰的模型计算，在整个中国改革的前期，金融产权的垄断符合成本收益的最优策略，而到改革后期，国家的产权收缩将成为更好的策略③。因此，民间金融的合法化程度，国家对民间金融的管控与放开，主要是出于经济效益的考量。

在另一项关于非正式金融的研究中，李扬等人提出了金融生态的概念。他们认为金融体系绝非独立地创造金融产品和金融服务的系统，它的运行更广泛地涉及其赖以活动之区域的政治、经济、文化、法制等基本环境要素，还涉及这种环境的构成及其变化，以及它们导致的主体行为异化对整个金融生态系统造成的影响④。在对温州的非正式金融的分析中，当地的文化因素、法制环境等都被纳入考察范围之中，这些因素共同造就了当地的民间金融现象。这一分析，明显地接近于社会学的思想，将传统经济学对非正式金融的考察扩展到对当地金融生态的考察上，提出了超越原有经济因素本身的非经济解释变量。

除了金融压制理论、信息不对称理论和制度变迁理论及金融生态理论等解释性流派外，经济学的相关研究还囊括了对正式金融制

---

① 诸葛隽：《民间金融》，中国经济出版社 2007 年版。
② 张杰：《中国金融制度的结构与变迁》，中国人民大学出版社 2011 年版，第 15 页。
③ 同上。
④ 李扬等主编：《中国城市金融生态环境评价（2005）》，人民出版社 2005 年版。

度和非正式金融制度的关系研究，例如，Bose 等人对正式金融制度和非正式金融制度之间的补充作用的论述①，Pagura 对发展中国家正式金融机构和非正式金融机构之间的联系的论述，认为二者存在着资金上的流动关系②。此外，还有非正式金融实践对整个经济系统发展的贡献。如 Ayyagari 和 Maksimovic 在研究中，分析了中国的非正式金融部分对整个经济体系增长的贡献③。类似的研究还包括 Allen Franklin 和钱军等学者关于中国非正式金融的作用和争论的阐述④。

经济学领域对非正式金融的研究十分丰富，我们仅仅是将主要的流派在此呈现。总体看来，整个经济学对非正式金融的研究涉及非正式金融的产生原因、非正式金融和正式金融之间的关系、非正式金融的主要经济贡献等主题，而解释背后的理论基础大都以金融压制理论、信息经济学理论和制度变迁理论为主。我们可以发现，除了经济学理论带来的有益启示外，也为我们进一步研究非正式金融留下了空间。

首先，经济学的非正式金融研究极少关注到非正式金融实践的合法性问题，即在市场中某种经济实践的正当性是如何被塑造的问题。这不仅仅是一个经济学问题，在本质上是一个涉及国家、权力与社会认同的社会学问题，是本次研究所主要探讨的理论议题。进一步说来，经济学的研究也没有进一步考虑到市场上某种经济实践的合法性（正当性）和法律规章规定的正当性之间的距离问题，而是将二种合法性的距离还原成诱致性制度变迁中的不均衡性，即正式规则和自发

---

① Bose, P., "Formal-Informal Sector Interaction in Rural Credit Markets", *Journal of Development Economics*, Vol. 56, Issue 2, 1998, pp. 265 – 280.

② Pagura, M., "Demand Dynamics, Outreach Expansion, and Product Innovation: Recent Research in Rural Finance", *Savings and Development*, Vol. 31, No. 3, 2007, pp. 241 – 249.

③ Ayyagari, K., A. Demirguc and V. Maksimovic, "Formal Versus Informal Finance: Evidence from China", *The Review of Financial Studies*, Vol. 25, No. 8, 2010.

④ Allen, F., J. Qian and M. J. Qian, "Law, Finance and Economic Growth in China", *Journal of Financial Economics*, Vol. 77, 2005, pp. 57 – 116.

形成的规则之间的利益冲突。

经济学的这种还原也正是其经济人假设的体现。民间金融市场的每一次变迁均被视为自下而上的，出于简单成本考量而导致的制度变化，即诱致性制度变迁。而真实的历史却并非如此简单。在民间金融市场被各方力量塑造的过程中，"利益"绝非是简单的成本收益计算，同样也是被社会建构出来的①。例如，国家的利益并不能简化为追求中央财政收入的最大化，而地方政府和民间金融机构的动机也不能简单地用成本—收益来衡量。此外，在具体的非正式金融的实践中，历史的制度变迁并不是有效率的，并没有直接体现出需求—供应的变化，而是受到其他结构性因素的影响，在金融改革进程中出现反复，象征性、符号性的虚假制度变迁并不罕见。

而在金融生态理论的视角下，文化、政治、法律等非经济因素虽然被纳入到对非正式金融的考察过程之中，被视为影响经济实践的外生变量。但是，这些环境因素究竟是如何作用于经济实践的具体机制却并没有得到充分且详细的论述。相反，这种生态系统决定论的说法，简化了各个因素之间具体的微妙的作用关系。笔者认为，只有通过详细的社会学式的经验研究，通过对真实经济实践的细致考察，才能揭示这些社会因素和经济实践之间的真实作用机制，而不是简单地用生态系统中相互作用、相互影响的类比加以简化。

但是，经济学对非正式金融的相关研究的确为我们的研究奠定了基础。我们并不能否认市场上经济理性人的存在，也不能否认经济力量和市场力量在实践中的作用，最后，更不用说经济学本身的理论描述，也会成为市场上预言自我实现的力量。经济学的研究从本质上揭示了市场的力量和国家压制的力量之间的对立统一的关系，这一点，也为众多的经验研究所验证。这是我们从社会学的视角研究非正式金融市场时必须加以考虑的问题。

---

① Swedberg, R., "Can There Be a Sociological Concept of Interest?", *Theory and Society*, Vol. 34, No. 4, 2005, pp. 359 – 390.

二 政治科学和社会学关于非正式金融的研究

由于金融市场并非社会学的传统研究议题，作为金融市场的一部分，非正式金融市场的社会学研究也较少。但还是有一些跨学科的研究，从政治经济学、社会学等方面对非正式金融进行了研究。

在《信贷与货币》中，卡如瑟斯从社会学理论的角度对金融市场上的信贷关系进行了界定，同时对美国自建国以来的信贷发展历史进行了社会学解读。在美国正式金融市场的发展历史上，也曾出现过非法的高利贷现象，但是最终在政府的干预下，高利贷现象基本上消失①。

而在另一项经典的历史社会学研究中，曼研究了美国建国初期的破产法变迁的社会过程。而破产法是解决借贷者无法偿还债务的法案。这一法案演变的实质是美国社会中借贷者与放贷者之间社会关系的变迁。在美国成立之时，并没有正式的借贷关系与非正式的借贷关系之分。最初，借钱后无力偿还的人被赋予神学意义和道德上的罪恶，而随着在监狱中借钱者的不懈斗争，和整个美国商业活动的兴起及随之而来的大规模借贷现象，借钱不还的行为逐渐经历了一场去污名化和非罪化的过程。借贷的合法性在整个历史的进程中，被媒体、学者、政府等行动者社会地建构出来。最终，借贷关系被逐渐纳入正式的商业法律的规范之中，其中的道德因素被逐渐地消除②。这一进程，类似于当下正在中国进行的民间金融的正名过程。

早期的非正式金融研究主要集中在自发的借贷关系和借贷组织上。美国社会学和人类学对非正式金融的经典研究集中在 ROSCA 组织上，即在亚洲地区民间较为常见的合会组织。Biggart 在对美国的 ROSCA 借贷组织的研究中，详细地描述了 ROSCA 的组织形式，由各

① Carruthers, B. and L. Ariovich, *Money and Credit*, Malden: Polity Press, 2010.

② Mann, B., *Republic of Debtors: Bankruptcy in the Age of American Independence*, Cambridge: Harvard University Press, 2002.

个家庭轮流出钱，出借给借钱者。维系着这样一种非正式的借贷关系根基的并不是一种经济理性，而是相互的信任和熟悉。据此，Biggart提出了 ROSCA 借贷形式中的情势逻辑，在具体的社会情境中被定义的行动逻辑①。

与 Biggart 的研究类似，Light 和 Zhong 研究了美国洛杉矶地区亚洲移民的非正式金融实践。他们采用一种人类学的研究方式，深入到洛杉矶地区的韩国移民圈，详细描述了在美国的韩国移民如何通过相互联系的社会关系网络，获得金融上的资源②。这一研究对社会学而言，至少有三个方面的理论意义。首先，这种人类学式的调查方式从经验上验证了斯蒂格利茨的信息不对称理论。即社会关系的引入可以有效地解决信贷关系中的信息不对称现象。同时，它也证明了社会关系可以作为一种资本形式，促进社群的发展，对群体中的个体起到社会支持作用。最后，这种 ROSCA 发生在发达的资本主义社会，但是却源于亚裔人的族群，在某种程度上也印证了文化因素对于非正式金融的影响。

而在后期的研究中，Light 等人继续考察了在 ROSCA 借贷形式中的性别因素，提出性别差异对非正式金融实践的影响。他们发现大部分的互助借贷式组织由女主人来主持，这种非正式的借贷形式融入了家庭的因素③。关于性别因素对非正式金融的影响，似乎也说明了非正式金融中的不平等因素，体现了金融资源的不平等分布。女性相比男性，移民族群相比白种人，更难从正规的渠道获取金融资源。这种获取资源能力的社会不平等，也造就了非正式金融在发达资本主义国家的存在。

---

① Biggart, N., "Banking on Each Other: The Situation Logic of Rotating Savings and Credit Associations", *Advances in Qualltative Organization Research*, Vol. 3, 2001, pp. 129 – 153.

② Light, I., I. J. Kwuon and D. Zhong, "Korean Rotating Credit Associations in Los Angeles", *Amerasia Journal*, Vol. 16, 1990.

③ Light, I. and D. Zhong, "Gender Differences in Rosca Participation within Korea Business Household", in *Money Go Rounds: The Importance of Rotating Savings and Credit Associations for Women*, New York: Oxford University Press, 1995, pp. 217 – 240.

这类社会学和人类学研究大都关注美国社会中的移民群体，揭示出文化因素的重要性。而西方学者针对发展中国家的研究，则更能直接地揭示出影响非正式金融实践的社会、政治结构因素。

在这类研究中，蔡欣怡关于中国中东部地区的非正式金融研究无疑是其中的经典。在《后街金融》中，蔡欣怡分析了改革开放初期到中期，中国的浙江、河南、福建三个区域的民间金融发展情况。作为政治科学（political science）的研究者，她并没有受到方法论的束缚，而是综合采用了人类学、历史学和政治学的方法，对三个地区的合会组织、当铺、抵押公司等非正式金融机构的运作过程进行了详细考察，同时对各个区域的政治经济状况进行了详细的分析。蔡欣怡在这一研究中提出，民间金融的发展回答了学术界存在已久的一个问题，即中国规模庞大的民营经济，是如何完成创业初期的融资需求的。与政治科学中通常意义上的东亚模式不同，中国的经济改革并不完全是由政府主导完成的。中国政府的能力并没有想象中的那么强大，恰恰是非正式的民间力量，使得经济改革进一步发展。在民间金融的发展过程中，蔡欣怡指出了至少三种结构性的因素，使得正式的金融体系始终无法取代非正式金融活动，或者在取缔非正式金融活动的过程中失败，分别是国家政策执行能力、各个地区在计划经济时代的经济制度遗产、金融市场本身的分割化和碎片化的需求。这些经济因素以外的因素，恰恰是中国非正式金融发展的决定性因素①。

在相关的研究中，蔡欣怡也考察了中国浙江地区的非正式金融中家庭因素和性别因素的影响，同时在她的研究中，也探讨了民营企业和民间金融机构的生存策略，如通过戴红顶帽子获取政治资源等②③。

---

① Tsai, K., *Back-Alley Banking: Private Entrepreneurs in China*, Ithaca: Cornell University Press, 2002.

② Tsai, K., "Imperfect Substitutes: The Local Political Economy of Informal Finance and Microfinance in Rural China and India", *World Development*, Vol. 32, 2004.

③ Tsai, K., "Adaptive Informal Institutions and Endogenous Institutional Change in China", *World Politics*, Vol. 59, 2006.

Timberg T. 和 Aiyar C. 等人在对印度的民间金融的研究中，发现了印度的社会结构对于非正式金融实践产生的影响。由于印度乡村存在的种姓制度，使得较高的社会阶层成为专门的高利贷放贷者，而较低的社会阶层无法从正规的银行体系中获取信贷资源，为了满足基本的消费，只能从较高等级的高利贷主那里获取借款①。这种等级制度的存在，也使得世界银行的小额贷款项目在印度遇到了一定的困难。与之类似，在 Tsai 等学者的研究中，中国乡村的小额信贷制度，往往受到政治等级制度的制约，干部、党员、村长的亲戚等人往往有更多的机会接近信贷资源。

而在 Besley 和 Levesen 等人对台湾民间金融的研究中，发现了民间金融和房地产市场之间的关系。同时国民党的一党专政和金融政策与民间金融的兴衰关系也被纳入研究的视野之中②。

在政治科学和社会学的研究视野下，非正式金融明显具有更为丰富的社会和政治意蕴。影响非正式金融实践的因素不仅仅是成本—收益计算后的制度设计，或者是理性的经济人之间的博弈，而是包括诸如阶层结构、政治资源、政党制度、种姓制度、社会关系网络、文化传统、制度的路径依赖等非经济因素。这些结构性的因素，与底层的行动者对国家能力的扭曲，如蔡欣怡的研究中的戴帽子，曼的研究中的监狱中的抗争，Timberger 的研究中高利贷者对政策性贷款的垄断策略一起，塑造了真实的非正式金融的实践活动。

而政治科学和社会学的非正式金融研究，所关注的理论问题也不仅仅是非正式金融存在的原因，而是延续着社会学的经典问题，例如，Mann 关注因借贷而破产这一现象的合法化进程，Biggert 等人关注了非正式金融背后的社会资本和文化问题，Light 等人则将目光投向非正式金融背后的性别问题。而社会学中的经典的权力问题和资源

① Timberg, T. and C. Aiyar, "Informal Credit Market in India", *Economic and Political Weekly*, Vol. 15, 1980.

② Besley, T. and A. Levenson, "The Role of Informal Finance in Household Capital Accumlation: Evidence from Taiwan", *Economic Journal*, Vol. 106, 1996.

不平等问题在蔡欣怡和 Timberger 等人的研究中也有所体现。

三　经济社会学中的市场合法性问题

与 Mann、Biggert、Light 等人类似，我们这一研究并不关注民间金融市场变迁的直接经济因素，无意将研究还原到区分个体行动者的经济动机究竟是理性还是非理性。而是关注，作为多方行动者的行动产物，民间金融市场如何获得一种社会与法律意义上的认可，也就是民间金融的市场化运行状态如何获得一种合法性的问题。在这一方面，以往的学者虽然没有直接回答这一问题，但也提供了丰富的理论资源。

（一）合法性溯源

最初的合法性定义，来源于神学和哲学。西方古典哲学中，"自然法"被视为一种绝对律令，是宇宙中的普遍真理和绝对法则。合法性首先意味着事物存在的根据。在孟德斯鸠《论法的精神》第一卷中，详细论述了自然法和人为法的定义。在孟德斯鸠看来，法的本质是"事物的性质产生的必然关系"①。存在着一种根本的理性，"法就是这个根本理性和各种存在物之间的关系"②。在这种观点下，合法性（legitimacy），除了具有合法律性外（legality），还具有符合某种绝对的规律、符合本质性的规定性的意涵。这就为人类的法律建构寻找到了"自然""客观"的基础，无论何种事物、何种政治统治的合法性，都应符合某种绝对的、同一性的规律，无论这种规律是柏拉图等人强调的理念，还是中世纪奥古斯丁哲学中上帝所创造的律令。

从解构主义的视角看，社会契约论出现的意义不仅仅是提出了国

---

① ［法］孟德斯鸠：《论法的精神》，许明龙译，商务印书馆 2012 年版。
② 同上。

家契约、法律起源的理论解释，更是蕴含着解构绝对意义上的"合法性"的可能。无论是霍布斯、卢梭还是孟德斯鸠，均承认一种人为法的存在，试图提出人类法律构建的社会过程。只不过，限于古典哲学的框架，这种法律后天生成的过程，没有逃离出绝对的理性和绝对的规律性的束缚。

真正将"合法性"从一种本质属性转变到"后天""人为""社会"的属性还要等到现代社会科学的兴起，在当代政治学和法学的框架中，合法性意义更加偏向社会认同带来的"正当性"①。这一类研究或者将"合法性"哲学本体论意义上的内涵搁置不谈，或者接受一种后现代主义意义上的真理观和规律观，即真理是一种共识性的产物②。在更极端意义上，人类世界并不存在一种绝对意义上的规律性。从而上帝不再为人类立法，上帝已死。

对于市场而言，自然的物理意义上的市场是人类生产生活中自发形成的交易场所，但是现代意义上的市场，包含着经济学的理想市场、市场所带来的制度安排和意识形态，却是一种资本主义社会出现后的产物。在波兰尼的经典著作《大转型》中，现代意义上的市场不是自发形成的、由绝对规律决定的自然产物，而是在资本主义国家主导下，一种经历了复杂历史过程的人造之物③。这也意味着，市场的合法性不再是一种简单的客观性，不是孟德尔所论述的由人类贪婪本性所决定的，而是一种特定的历史阶段产生的，需要经由政治、社会、集体意识共同塑造的产物。

总的来说，既有的研究表明，合法性至少存在两种内涵，一种是作为本质属性的先天合法性，也就是事物存在的依据；另一种则是人类社会后天认可的状态，涉及社会的集体认同。而法律等规范，则代表了国家对于某一事物先天/后天合法性的认定。

---

① 王海洲：《合法性的争夺——政治记忆的多重刻写》，江苏人民出版社 2008 年版。
② ［德］哈贝马斯：《合法化危机》，刘北成、曹卫东译，上海人民出版社 2000 年版。
③ ［英］卡尔·波兰尼：《大转型：我们时代的政治与经济起源》，冯钢、刘阳译，浙江人民出版社 2007 年版。

（二）波兰尼：市场合法性的解构和塑造

波兰尼认为，市场经济实际上是一个由诸多市场组成的自发调节的系统，是一种"由市场价格引导的经济"，能够在没有外界干预的情况下组织经济生活。就人类历史而言，尽管在新石器时代之后，就有可能存在市场这种制度，但是，直到近代以来，市场的影响力从未超出过经济领域，而现代社会中的如此重要的市场，以及市场经济所附带的一系列制度安排，显然是人类近代历史的产物[①]。

对于斯密、米塞斯等关于人类"经济人"本性的论述，波兰尼也提出了尖锐的批判。在他看来，没有任何证据表明，在现代社会之前，人类就具有"互通有无、物物交换、互相交易"的秉性，这种行为，恰恰包含着一种后天的和人为的属性。相反，人类学和历史学的研究表明，在人类历史上存在的各种不同类型的经济系统中，只有在近代以后，市场才真正作为一种主导型的制度形态，来控制和调节人类的经济生活。市场由人类经济生活中的次要地位转变为支配人类社会主导地位的过程，也正是波兰尼所谓的大转型的过程。

于是，波兰尼从逻辑起点上，就驳斥了古典经济学对市场经济符合绝对律令的论述。这意味着，市场占据人类经济生活的核心地位，并非仅仅因为符合人类的天性。而马林诺夫斯基等人关于原始人生产与交换行为的研究，也为波兰尼提供了依据。人类早期的生产和交往，往往遵循一种"互惠"和"再分配"的原则[②]，前现代社会的人类，围绕着社会原则而非简单的"经济人"原则从事交换和交往。

在进一步的论述中，波兰尼从历史的角度讲述了近代欧洲市场经济确立的历史进程，从18世纪末期工业革命时期斯品汉姆兰法令的颁布与论战，到19世纪欧洲数次济贫法案的确立与废止，再到一个

---

① ［英］卡尔·波兰尼：《大转型：我们时代的政治与经济起源》，冯钢、刘阳译，浙江人民出版社2007年版，第37页。

② ［英］马林诺夫斯基：《西太平洋上的航海者》，张云江译，九州出版社2007年版。

统一的劳动力市场、土地市场的确立，波兰尼都在试图证明，人类的市场经济体系，以及现代经济学意义上的市场，都不是自发形成的产物，恰恰相反，市场之所以以如今的面貌呈现在世人面前，正是国家干预的结果。

在这一意义上，波兰尼率先对市场经济和现代经济学意义上的"市场"的先天合法性提出质疑。站在这一角度，那种认为当下的市场原则一定是符合人类本性的论述是值得质疑和反思的。波兰尼对开启整个经济社会学中的社会建构论传统影响深远，其中的贡献不局限于格兰诺维特从中汲取的"嵌入性"概念，另一项重大贡献还在于，当我们面对日常生活中习以为常的"市场""理性""利益"的概念时，通常默认其存在的必要性和必然性。在一种结构—功能主义的思维惯性下，凡是存在的现象，必然与社会主体的深层需要或者与社会结构的功能需要相联系，按照米尔斯、哈贝马斯、达伦多夫、吉登斯等社会学中的批判主义对传统社会科学的批判，结构功能主义在理解事物的原因时，将社会事实存在的依据等同于社会事实的功能，失去了一种批判性。而波兰尼在面对当代社会中占据主流地位的"市场"时，首先进行的是对市场本身合法性的历史性解构，提出市场的存在并不仅仅是人类本性的必然产物，而是在历史中被人类建构而成的。通过一种历史的溯源和回顾，整个人类社会发展进程中，市场具有的合法性地位，是被国家、民众等各方社会行动者所塑造出来的。

尽管波兰尼对整个西方的市场经济发展历程进行的历史社会学反思更为宏观，但是这种解构的视角仍然适用于对具体经济社会学的市场和制度的研究。

弗兰克·道宾可以被视作将这种视角运用到极致的典范。在道宾获得"马克斯·韦伯奖"的经济社会学经典研究中，他将"理性"的概念加以解构，人类的经济生活中，什么样的行为是"理性"、国家的政策如何符合"理性"，同样是被国家、政治和社会塑造的。故而，美国、法国和英国的铁路产业，每个国家都制定了符合理性的产业政策，却产生了不同的发展结果①。

这种反思市场合法性起源的经济社会学研究，即使在市场经济基本确立主导地位的美国和欧洲，也十分常见。在论述欧洲金融市场的变迁时，普拉达指出了在金融债券、股票交易之初，主流舆论将这种投机行为视为"赌徒行为"。面对这一新生的市场，人们赋予它的文化符号是负面的、不道德的。而随着经济学和金融学的发展，当人们意识到金融市场运行遵循所谓的"规律"时，"赌徒"的形象逐渐演化为"投资者"，金融市场的社会认同也发生了变化②。与之类似，在关于芝加哥金融衍生品市场的历史社会学研究中，麦克恩泽等人发现，不仅仅是政府和组织者塑造了金融衍生品市场的合法性变迁过程，布莱克—斯科尔斯公式的发明，也赋予了金融衍生品市场一种交易规律性。只是这种交易的规律性是由经济学理论所创造，人们对经济学公式的信念，使得公式成为一种自我实现的预言。经济学描述的市场就这样在历史进程中产生。

我们由此视角推及到中国民间金融发展上，就会发现，仅声称中国民间金融发展遵循一种客观普适的经济规律是过于简单化的，而仅仅认为中国民间金融的发展是经济发展的客观需要，同时也是市场自身先天合法性的要求，无疑是忽略了其间复杂而反复的实践过程。

在波兰尼的视角下，我们首先要反思，中国民间金融市场的合法性究竟是谁赋予的，这种合法性是人类的本性所决定的吗？最终，为什么市场合法化成为解决中国民间金融问题的手段？与波兰尼面临的由前现代向现代转变的经济体系不同，我们将要面对的时空背景，是中国经济系统由非市场的计划经济，向国家制定改革政策的市场经济变化的过程。国家在中国经济转型的过程中发挥的作用更加明显。这种国家建构的市场经济演变过程，似乎与古典经济学家声称的自发形

---

① Dobbin, F., *Forging Industrial Policy: The United States, Britain, and France in the Railway Age*, Cambridge: Cambridge University Press, 1997.

② Preda, A., "The Investor as a Culture Figure of Global Capitalism", in *The Sociology of Financial Markets*, New York: Oxford University Press, 2005, p. 141.

成的市场经济演变过程，又有所不同。总体上，我们的社会也在经历着一种独特的过程，我们或许可以将其称为"以非自发调节手段建立自发调节的市场经济的建构过程"。

（三）市场先天合法性的依据及限度

但是，值得注意的是，波兰尼关于市场合法性的论述仅仅是人类理解市场秩序的一个侧面，以米塞斯和哈耶克为代表的自由主义学者，对市场的起源和本质有着不一样的阐述，在这种反对政府干预的自由主义解释框架中，市场是一种自然形成的扩展秩序。这也意味着，市场不是由人类理性设计而成，在这一意义上，市场的合法性来源不在于人类的主动认可，而在于符合客观的自然规律。

在哈耶克的论述中，市场秩序是人类扩展秩序的一种。而扩展秩序，是指"人类合作中不断扩展的秩序"①。资本主义显然就是一种扩展秩序。扩展秩序并不是"人类的设计或意图造成的结果，而是一个自发的产物"②。而资本主义的市场秩序，同样是自发的产物。

在解释市场秩序的起源和发展时，哈耶克借鉴了进化论的选择过程③，他指出，现存的经济秩序，必然是经历过漫长的演化和发展而稳定下来的产物。"市场秩序中的结构、传统、制度和其他成分，是在对各种行为的习惯方式进行选择中逐渐产生的。"④ 与自然界的演化相类似，按照哈耶克的逻辑，凡是选择了遵守规则的群体成功地繁衍生息，反之则走向消亡。因此，留存下来的市场秩序，是经历了自然法则考验的产物。尽管哈耶克没有直接提及"市场合法性"的概

---

① ［英］哈耶克：《致命的自负》，冯克利等译，中国社会科学出版社2000年版，第1页。

② 同上。

③ 哈耶克本人认为自己坚持的文化进化机制并不等同于达尔文的生物进化机制，文化的进化遵循着自身独有的特点（哈耶克，2000）。但是，在笔者看来，哈耶克强调的是二者遵循的规律不完全相同，例如，文化的后天习得性和生物进化的遗传性之间的差异（哈耶克，2000，第23页），但是同样都是一种广义的进化论观点。

④ ［英］哈耶克：《致命的自负》，冯克利等译，中国社会科学出版社2000年版，第13页。

念，但是我们不难推断，在他的理论框架中，作为扩展秩序的市场秩序，一定具有自然意义上的先天合法性。这也意味着，人类的政府试图用理性的手段干涉自然秩序的努力，最终会遭遇挫败。

为了进一步论证以市场为核心的资本主义经济秩序的合法性，哈耶克从知识论和信息论的角度加以阐释。他提出，从斯密开始，经济学家已经意识到个体知识的分散性。作为社会中的个体，其占有的知识始终是个别的和分散的，并不能获取更多的知识。而扩展秩序的出现，正好是人类在不断扩大的日常交往中，知识交换和收集的产物。市场正是这样一种自然形成的完美的制度安排，在社会个体面对未知的事物仅仅掌握有限的知识和信息时，可以以一些信号为依据（如价格），在个体中间传播信息流。哈耶克指出，这就是市场这一结构得以生存的原因，也是采用了这一结构的人们得以生存至今的原因①。

这就是哈耶克意义上的市场合法性，在这一点上，与批判主义的社会学传统不同，他承认了既有市场秩序的合理性，提出这种源自自然选择的市场秩序具有先天的合法性。任何政府的干预都是对原有合法性的侵害，是一种理性的致命的自负。市场自发地形成，自发地发展。同样，民间金融市场的形成，也是一种自发的产物，正如斯蒂格利茨在研究中发现的一样，民间金融市场具有一种信息发现的功能，非正式的借贷关系能更好地获取借贷关系中的信息，使得利率更加符合真实的需求，这与哈耶克对市场合法性的论证具有一定的契合性。

由于与波兰尼及一些左派的批判社会理论家的观点截然相反，按照哈耶克的论断，似乎社会学中关于市场合法性的社会建构论述将失去意义，但是，我们再一次比较波兰尼和哈耶克关于市场合法性的论述，抛却二者政治观点上的分歧，可以发现其中存在着调和的可能性。

---

① ［英］哈耶克：《致命的自负》，冯克利等译，中国社会科学出版社 2000 年版，第 13 页。

　　首先，市场先天合法性的存在，并不能掩盖具体市场在特定社会历史情境下，被人类建构出来的真实历史过程。哈耶克自己也认为，与整个人类扩展秩序的漫长历史相比，"市场秩序只是相对晚近的产物"①，哈耶克意义上的市场存在的必然性并不妨碍市场是人类产物这一事实。在《感性秩序》一书中，哈耶克将秩序分为物理—自然意义上的秩序和人类心灵的秩序，实际上，按照有些学者的解读，哈耶克思想体系中的秩序有三种：自然秩序、人为秩序、人为的自然秩序②。而市场显然是一种辩证的人为自然秩序。这种自然近似于马克思的历史唯物主义中"人化的自然"，自然自发的秩序归根结底还是人类文明的产物，只不过这种人为的产物，在哈耶克看来，并不是一种有意图和理性化的产物，而是一种非目的论式、必然性的产物。

　　在波兰尼那里，市场秩序的生成显然具有一种目的论式的色彩，但是，这种目的论的色彩并不意味着建构主义的社会理论中，市场一定是国家或政府等行动者直接目的的实现。欧洲历史上的重商主义政策、圈地运动、世界大战等事件的发生，并不是为了直接建构出全球性的市场经济，却在客观上塑造了现代意义上的市场。这种历史主义的回溯，并不必然导向哈耶克所批判的观点：人类经济秩序是人类理性且有计划建构的产物。

　　哈耶克在著作中一向强烈反对"建构主义"，认为这是一种幼稚的幻想，秩序不是人类有意识的产物。但是，这里的"建构主义"更多的是一种"理性建构主义"，哈耶克所反对的是将人类的制度视作有计划、有理性的政府政策的产物。在这一点上，社会学的建构主义极少是一种"理性"的建构主义，而是认为现有的制度是在多方社会行动者的社会互动中产生，也绝非遵循某种恒定的经济原则。恰恰是古典经济学和新古典经济学，以及建立在此基础上的博弈论和早

---

　　① ［英］哈耶克：《致命的自负》，冯克利等译，中国社会科学出版社 2000 年版，第13 页。

　　② 马永翔：《心智、知识与道德——哈耶克的道德哲学及其基础研究》，生活·读书·新知三联书店 2006 年版。

期的新制度主义经济学，往往认为制度、规则等秩序的形态是理性行动者理性博弈、成本计算的产物。因此，以哈耶克与波兰尼为代表的社会学建构论带给我们的共同启示就在于，对基于理性的经济学和市场是理性产物的学说需要加以批判和反思。

其次，我们无从考证市场经济的最初起源究竟是否存在着人类的主观动机和主观计划的影响，但是，我们却可以清醒地意识到，人类历史上特定的历史阶段和社会情境下，真实地出现过并且正在发生着主动建立市场经济秩序的过程。当下的中国特色的社会主义市场经济改革，正是一场多方推动的目的论式地建构市场的过程。按照哈耶克的思想，这在表面上是一种逻辑的悖论：由国家计划推动的自由市场的建立。或许，哈耶克主义者如此解释，将其称为计划经济解体后国家逐步放弃管制的过程，是向市场先天合法性的复归。但是，这个逐步放弃管制的过程并非理论想象中的那样简单，而是需要多方行动者创造出更多的制度环境，树立新的行为、思想范畴的过程。而这一过程，既是行动者有目的行动的产物，又不是一个简单自然自发的过程，反而，恰恰是波兰尼所强调的行动者主导的市场建构过程。因此，在解释具体而非抽象的特定市场起源和发展时，我们洞悉行动者行动的过程和结果，要比仅以市场存在的先天必然性来解释市场发展的过程更有意义。

如果相信哈耶克论述的市场具有先天合法性的话，那么波兰尼意义上市场合法性后天生成的概念与之并不完全矛盾。市场经济既有先天存在的必然性，而在真实的社会情境下，成为主流的经济秩序又是多方行动者社会行动的产物。既有先天合法性，又具有后天社会认可、权力赋予的后天合法性。正如同某些道德规则的存在，既有可能存在着人类生物演进的必然要求，又需要在特定的历史条件下受到社会的认同。那些人类社会中变化了的道德，正说明了道德可以在不同的社会情境中发生变化，受后天环境的影响。

至于以哈耶克为代表的新自由主义，与一向偏左的批判社会理论家，以及建构主义的社会学家之间政治观点矛盾，则不是可以简单调和的。哈耶克认识到资本主义、市场经济的必然性，进而批判一切国家干预计划的行为，而从马克思到后马克思主义、法兰克福学派的学者则不认为私有制、资本主义市场经济秩序是一种颠扑不破、符合人性的真理，进而批判现有资本主义制度的合理性与合法性。作为见证中国社会从计划经济向市场经济转型阶段的研究人员，我们所目睹的，恰恰是不同于纯粹资本主义市场经济，又不同于纯粹计划经济的经济发展历程，我们只能如实地描述中国民间金融市场从具体的非市场形态、法律不合法的市场到市场合法化的过程。仅能从事实而非政治立场上理解，这一过程更接近以波兰尼为代表的社会学观点。

（四）中国市场合法性变迁的特殊起点

无论是经济学中的制度主义学派、信息经济学，还是上升到社会理论与社会哲学层面的波兰尼与哈耶克，其学术的立足点仍然是西方社会。尤其对波兰尼与哈耶克而言，解释的对象均是西方社会由前市场状态向近现代资本主义转型的阶段。而对本次研究而言，我们需要探讨的是当下中国民间金融市场建立的历史过程，这一过程发生在不同于任何以往西方转型的社会情境之中。与之相比，中国民间金融市场的合法性变迁，发生在一个初始状态混合着中国人独特文化传统、当代计划经济传统的条件下。梁漱溟、费孝通等本土社会学家，为我们理解这一问题提供了可供借鉴的理论资源。

黄宗智在对中国明清的经济史研究中发现，与西方植根于启蒙理性和自身社会的形式主义理论相比，中国社会呈现不同于西方理论的"悖论性"。西方形式主义理论，将西方社会"理念化为一个整合于资本主义的市场经济以及随之而来的一系列变化历程，把那些变化等同于理性化、资本化、民主化、（理性）官僚制度化、法治化等等一系列的直线性的现代'化'的过程"[①]。而中国社会的发展，遵循自

---

① 黄宗智：《悖论社会与现代传统》，《读书》2005 年第 2 期。

身发展的实践逻辑。换言之，借用黄宗智这一观点，中国民间金融市场改革前的起点，与西方理论描述的状态有所不同，而发展的过程，也许也遵循了不一样的因果逻辑，最终发展的方向，中国民间金融的市场化，也未必就是西方意义上的市场化。

市场初始状态的不同，首先蕴含在市场行动者的行为方式之中。梁漱溟在《中国文化要义》中详细归纳和总结了中国人的行为方式特征，以及行为背后深层的文化特质。梁漱溟认为，中国社会是一个伦理本位的社会，而社会中的个体，首先是作为伦理关系中的成员而存在。而市场行为的本质还是由社会中的社会成员来完成，从而，在面对市场乃至市场中的法律时，这种个体在社会伦理关系中的定位，以及这种定位带来的思维方式和行为方式，很难不对市场经济产生影响。梁漱溟论述的伦理本位社会，是难以产生法律，却能产生礼俗秩序的。"基于情义的组织关系，如中国伦理者，其所以只可演为礼俗而不能成法律。"① 而西方意义上的市场经济，则是建立在对市场经济抽象规则的遵守和一套基于权利—义务的法律体系之上的。

费孝通也论述了中国社会伦理关系的"差序格局"，每个社会个体以自己为中心，扩展开去，形成一套远近亲疏有别，长幼有序的社会关系亦是伦理关系的网络结构②。这种关系格局无疑是一种根深蒂固的文化现象，并非一日之间就可轻易瓦解的。而西方经济学理论描述的理性市场关系，显然是建立在平等性、普遍性的交换关系之上的，与中国社会传统的伦理关系有着不小的差异性。

这样的社会行动者进入经济领域后，行动者身上的文化特征并不能完全从经济领域消失。根据国内学者对中国市场经济交易行为和方式的研究，传统的伦理关系、熟人社会仍然会对市场交易产生影响。例如，在对中关村电子市场的实证研究中，刘少杰发现了基于传统的

---

① 梁漱溟：《中国文化要义》，上海人民出版社 2005 年版。
② 费孝通：《乡土中国　生育制度》，北京大学出版社 1998 年版。

熟悉关系在减少市场交易欺诈行为时的作用，将其称为"陌生关系熟悉化"现象①。这种现象以西方理论来解释，仅仅是由于理性的行动者选择多次重复博弈的对象，以降低自身的交易风险，这种风险主要来自信息的未知性。而一旦经济社会学承认市场上的交易者的行为并非完全理性时，就会从另一个角度理解，中国社会中的行动者，仍然试图在陌生的市场环境中，将社会伦理秩序复制到平等化、抽象化、疏离化、去道德化和非人格化的现代市场秩序中，通过在市场中建立自己的亲疏远近、泛伦理化的交易圈子，来取得超出简单信息获取之外的帮助。这种市场行为，与其说是理性计算的选择，不如说是市场上的社会行动者，将熟悉的社会伦理关系带入经济领域的惯习的产物，尽管其客观上仍然有可能产生实质上的工具效用。由此，我们也可以理解，在中国市场经济中，非经济生活中的一切礼俗秩序，远近亲属有别的特殊主义道德，被带入到市场中的现象。

　　受到哈耶克的自发扩展秩序，以及自发扩展秩序产生于理性与本能之间的论证的影响，刘少杰提出了基于感性选择的感性秩序。这种秩序并非基于行动者的理性建构，而是自发地出现在传统社会、乡土社会向现代社会转型的真实实践之中。与政府主导的理性的制度建设相比，基于感性选择的秩序更多体现了中国人的文化传统和内心深层结构，强行地推行基于西方工具理性和形式理性的制度建设，将与真实社会实践中的感性秩序产生矛盾②。实际上，在中国民间金融市场上，也存在着这种本土化和感性化的市场秩序。但是，如果我们承认中国本土市场交易秩序的特殊性，就会遭遇黄宗智所说的与西方理论的悖论现象。

　　这点悖论体现在市场的原初状态的描述上。按照哈耶克的观点，市场是一种自发形成的扩展秩序，在没有国家等外力的干预下，人类

---

　　① 刘少杰：《陌生关系熟悉化的市场意义——关于培育市场交易秩序的本土化研究》，《天津社会科学》2010 年第 4 期。

　　② 刘少杰：《中国经济转型中的理性选择与感性选择》，《天津社会科学》2004 年第 6 期。

自然会存在市场，而这种安排是经过自然选择后的完美秩序。但是，在中国社会，我们不难发现，即使没有国家的干预，自发形成的交易秩序也是一种混杂着特殊主义和伦理关系的交易秩序，如果我们把中国社会这种自发形成的感性交易秩序也称作天然市场秩序的话，那么此市场秩序显然非彼市场秩序。西方中心主义的现代性理论显然会将西方市场秩序视为真正的、现代性的市场，而中国的市场则是落后的、不完备的、前现代市场。但是，由中国式的市场，向西方式的市场演进的过程，是一种自然的演进式、去除政府干预而复归"市场"先天合法性的过程，还是一种国家刻意打造、遵循西方经济模型建造的过程，就需要重新加以审视和反思了。

同样，在市场演进的过程中，西方式的制度变迁过程也不能完全适用于中国市场制度的变迁。在早期的新制度经济学看来，制度变迁的核心动力在于交易成本。作为新制度经济学的创始人，科斯在《企业的性质》中以交易成本的核算来界定一般意义上的市场和市场上的组织，认为市场上某种组织（制度）的形成，主要原因就在于其相比纯粹的交易行为可以降低成本①。沿袭这一思路，威廉姆森将市场自由竞争与市场上的等级制度对立起来，提出从纯粹的市场行为到制度之间是一个降低不确定性，减少交易成本的过程②。而诺斯、青木昌彦等人则进一步解释经济领域的法律、规则等制度变迁背后的成本计算与演进路径问题。但是，当西方的制度变迁理论遭遇到中国特有的行为方式时，我们会发现另外一个悖论现象，即在现实的社会生活中，西方的制度概念是一种稳定的、具有普遍性的概念，而中国的制度概念则往往是一种基于特殊性的、形式主义的概念。这种行动者对制度的理解直接影响到市场上制度变迁的真实过程。

这种影响直接表现为，中国的制度变迁很可能仅仅是书面法律规

---

① Coase，R.，"The Nature of the Firm"，*Economica*，Vol. 4，Issue 16，1937，pp. 386 - 405.

② ［美］威廉姆森：《市场与层级制》，蔡晓月、孟俭译，上海财经大学出版社 2011 年版。

则的形式变迁，抑或是针对一部分人的变迁。当制度和规则失去了普遍性，反而会成为少数行动者获得超出一般收益水平的工具性资源，这样的制度变迁不仅没有降低全社会的交易成本，反而是一种经济学意义上的无效率。如此一来，再以制度的总体交易成本来解释中国市场的制度变迁过程，无疑就有些苍白和简单。例如，中国 20 世纪 80 年代末期到 90 年代初期的双轨制，就是一种制度特殊主义的体现。而当熟人关系、权力关系与一般制度相遇时，制度往往就会选择性地失效。

吴思将隐藏在文本规定之外的真实运作规则称为潜规则[1]。我们从社会学的角度解释，潜规则的不可言说性，既来自潜规则与社会一般规则的冲突性，又来自信息只对熟人公开、规则只对陌生人生效的特殊主义倾向。而经济学乃至西方政治学的制度主义理论，似乎更适合解释真实规则的成本核算，而表面上的制度，或许我们可以称之为"傀儡制度"，或者同时混杂着真实与傀儡的表面制度，则不是交易成本的概念可以解释清楚的，需要引入文化传统、行为倾向、合法性来加以解释。当诺斯进入到学术生涯的晚期，他在《理解经济变迁过程》中，又开始汲取社会学的观点，从更广阔的视角反思单纯的经济学新制度主义，例如，文化传统、风俗习惯、意识形态等因素的引入[2]。"理解"意味着诺斯在方法论意义上，至少不抗拒以韦伯为代表的诠释主义方法，以理解行动者的主观意图。这一点上，作为经济学家，米塞斯更加直接地表达了沿用理解的方法研究经济行为和经济秩序的立场，只可惜这一方法一直被视为经济学中的另类[3]。

从而，针对市场演变的过程，西方主流的新制度主义理论，在面对中国现实时，难以回避的一个问题就在于，制度概念本身的不确定

---

[1] 吴思：《潜规则》，云南人民出版社 2001 年版。

[2] ［美］诺斯：《理解经济变迁过程》，钟正生、邢华等译，杨瑞龙、郑江淮校，中国人民大学出版社 2008 年版。

[3] ［奥］路德维希·冯·米塞斯：《人的行动：关于经济学的论文》，余晖译，上海人民出版社 2013 年版。

性。当中国市场存在种种特殊主义制度和形式主义的制度时，市场中规则和制度存在的合法性依据，就不能被归结为"效用最优"或者"效用次优"的结果。因此，仅以成本来解释市场变迁就有可能遭遇到局限性。而民间金融市场合法性变迁，也就不仅仅是各方行动者成本考量的结果。我们在对民间金融市场合法性的变迁的研究过程中，将从真实的实践出发，分析那些隐藏在表面文本规定之下的制度。

四 解释市场合法性的行动理论

在社会科学的学术史上，关于历史主义和理论的争论有过多次，最纯粹的历史主义是拒斥理论的，认为历史现象具有唯一性与独特性，而一般意义上的理论则意味着规律性和普遍性。另一个极端是将社会科学视作自然科学的实证主义，大多遵循一种理论—现实—理论的科学路径。具体到默顿以后的美国社会学界，在经历了对帕森斯的批判与背离后，中观理论乃至微观理论往往直接与研究者需要解释的现实相连。这也意味着，如果本次研究作为严格的实证主义经验研究，需要在此处提出学界针对民间金融，最好是当代中国民间金融的具体理论，然后，以此理论为主要线索，和中国现实详细比较，最后得出对这一具体理论不适用或者适用于中国社会的详细结论。

本书既没有沿袭极端的历史主义传统，仅仅描述历史过程的细节，也不愿将研究等同于验证西方具体理论的证伪过程。在这里，笔者愿意回到比具体的经验理论更为抽象的层次，借用社会理论中的行动理论，将行动者、行动动机、结果、结构化、制度化等概念作为理论工具，以之作为分析宏观制度过程的工具，串联起关于历史的叙述。

需要注意的是，在这种意义上使用理论，绝不是将抽象的关于行动的理论应用于对具体社会现象的解释。因为这些更抽象层次的理论，不是一种具体的应用性理论，不能提供对具体现象的直接因果解释。它们能提供的，仅仅是一种理论工具，一种行动者如何在历史中建构出制度结果（合法性变迁的结果）的分析工具，组织起我们观察和解释历史的基本维度。

韦伯在《经济与社会》中，首先提出了这种由个体行动跃升到市场结构的研究路径。根据韦伯的方法论，宏观的社会概念，显然仅仅是一种"唯名"的概念，真正构成这些概念的，是人类社会的行动者。而对宏观的社会现象的解释，需要还原到对社会行动的主体的理解，进行一种诠释性理解和因果性解释。于是，韦伯首先定义了社会行动和经济行动的基本概念，进而又从逻辑上推导这些行动者社会互动后产生的宏观现象①。这种人文主义的理论建构，恰好与当今美国主流的实证主义科学范式有所区别。主流的实证主义视角继承了迪尔凯姆的观点，即社会学的主要任务和方法是用一种"社会事实"来解释另一种"社会事实"。具体到现代科学术语上，社会学主要研究变量之间的关系。我们在这里，恰恰不是为了甄别合法性变迁的因变量和自变量，而是沿袭着解释市场的行动理论路径研究历史过程。

与韦伯类似，作为经济学家的米塞斯，同样提出经济学研究的一般行动理论。在《人的行动：关于经济学的论文》中，米塞斯在绪论中就明确了"经济学是一门关于人的行动学"，应当"将经济问题放在人的行动学这个更大框架中来讨论"②，只不过，与社会学家相比，米塞斯将个体行动者的行动理解为理性行动，通过理性行动，人类构建出交换关系，在交换关系中，各种市场结构产生了。持有相同观点的社会学家也为数不少，霍曼斯、布劳等人的社会交换理论，科尔曼的理性选择理论，都试图从人类行动出发，建构出社会宏观现象的形成过程。

吉登斯关于一般社会行动的理论对本次研究有着直接影响。我们将以结构化理论的相关概念作为切割历史的工具，同时这一理论也承担着布洛维意义上的勾连微观人类学描述和宏观社会结构的重担。

---

① ［德］韦伯：《经济与社会》，林荣远译，商务印书馆1997年版。
② ［奥］路德维希·冯·米塞斯：《人的行动：关于经济学的论文》，余晖译，上海人民出版社2013年版，第13页。

　　首先是行动的概念，在吉登斯看来，行动是"物质存在对世界事件进行过程的、现实或预期的、有原因介入的连续流，能动概念与实践的概念相联系"①。而结构则是"被反复组织起来的一系列规则和资源"，对于实践和结构的关系，吉登斯认为，结构具有一种二重性，"社会系统的结构性特征对于它们反复组织起来的实践来说，既是后者的中介，又是后者的结果"。结构对于个体的行动者而言，并不仅仅是一种制约，而是既作为一种记忆结构，又作为行动者在实践中可利用的资源。在社会结构被不断再生产的过程中，行动者行动的意外结果，同样有可能成为进一步行动的条件，出现一种反馈的循环机制。

　　在涉及"合法化"的论述中，社会系统在结构方面同时包含着表意、支配和合法化三个维度，其中合法化维度与社会结构中规范性要素相关联。在吉登斯看来，帕森斯的"规范功能主义"和阿尔都塞的"结构主义马克思主义"都对"规范性义务被社会成员内化程度过于看重"。对结构中的行动者而言，那些规范性要素只是一种"依赖于情境的权宜性主张"，只有在具体的实践情境中有效地调动约束，这种规范才是真正有效力的②。从这些论述可以看出，如果将合法性的最终结果视为一种结构因素，那么影响这一结果的不仅仅是诸如法律和规范等约束性因素，同时也包括行动者在实践情境下对于宏观结构的权宜性主张。这种合法化的过程，同样是遵循行动—结构—行动的实践一般行动理论。

　　在对民间金融合法性变迁的讨论中，我们将明确卷入这一实践过程中的行动者：民间金融的组织者和参与者、国家、经济学者、媒体、一般社会成员。其次，研究的重要任务在于，将重新描述这些行动者在具体市场情境下的行动，即吉登斯所谓的"对事件进行过程的现实的、有预期的、有原因介入的连续流"。在行动者的行动流与规

---

　　① ［英］安东尼·吉登斯：《社会学方法的新规则：一种对解释社会学的建设性批判》，田佑中、刘江涛译，社会科学文献出版社2003年版，第161页。
　　② 同上书，第227页。

定民间金融合法与否的结构性因素之间，也就是勾连行动者的具体行动与宏观的制度结果之间，我们认为二者存在着一种结构化的关系：既有的规定民间金融合法性的规则和其他结构（权力结构、政府治理结构等）成为影响行动者行动的因素，又由于结构的二重性特征，成为行动者行动的资源。行动者并非完全理性的，行动产生的结果，包括意外结果，也制度化为新的结构，进而又成为未来行动的条件。

借用吉登斯的理论工具，中国民间金融的合法性变迁过程，也就不仅仅是法律文本变迁的问题，而是一个多方行动者行动的问题。如图 2-1 所示。

图 2-1 民间金融的行动理论分析框架

这一理论框架不能解释中国民间金融合法性演变的直接原因，却为我们提供了理解这一过程的概念工具。就整个民间金融市场合法性变迁的过程而言，民间金融市场上的行动者涵盖国家——中央政府、地方政府以及影响这一进程的一般社会成员：民众、学者。

在整个市场合法性的演变过程的叙事中，从社会学传统出发，并不打算采用经济学的博弈论假设，认为民间金融始终存在各方力量的博弈行动，而博弈结果导致了制度变迁。首先，在民间金融市场上的各方行动者，并不处于一个初始平等的博弈位置上，而是在特定的权力结构下遵循自身的行动逻辑。其次，各方行动者的行为尽管毫无疑问地指向自身利益，但是却并不一定遵循理性选择原则，也未必具有完全理性计算的能力。最后，我们也将关注这个行动者模型中，制约行动者的结构因素如何被行动者权宜性地遵守和改变，并且当作行动者行动的资源。

因此，在这次研究的结尾，我们将提出一个涵盖民间金融微观运作和宏观合法性进程的行动者模型，正是这些行动者的共同行动，才建构出当下民间金融特定的合法性地位。

第三章　民间金融的组织形式和实践

民间金融合法性的社会建构过程，与民间金融自身的结构和实践过程密不可分。因此，探明在不同的历史阶段，民间金融的组织形式和实践方式，发现民间金融真实的实践逻辑，成为分析民间金融合法性问题的前提。有必要首先厘清民间金融的概念，对民间金融活动进行一种类型学的划分。进而以一个区域市场为例，对当下民间金融的主要实践方式，进行一种人类学意义上的分析。在一项纯然的历史学研究中，我们无法回到历史。但是，作为一项关于市场的历史社会学研究，研究者拥有接近市场实践的直接机会。这种实地调查，也构成了分析历史资料的基础。民间金融日常实践中的各方行动者，也在这样一种参与式观察中，浮出水面。

一　民间金融的范畴

在第一章中，我们已经对民间金融的概念进行了界定。学界通常认为，民间金融即非正规金融，泛指一切在政府监管之外的金融活动。国内外的经济学与政治科学的研究也通常围绕这一概念展开。而具体到中国的民间金融实践时，我们仍然需要反思当下实践着的民间金融，与国际上通行的非正式金融概念的差异。这种反思，主要是基于一种社会学的视角。

一个显著的差异在于，在产权明确的资本主义社会，大多数金融机构由私人创办，无论是正式金融，还是非正式金融，大都是私人金融。区别正式金融与非正式金融的关键点在于，金融活动是否纳入国家正式的金融监管体系之中①。而在转型期的中国社会，民间金融对应的概念，则是官方金融。民间金融与官方金融的区别，不仅仅在于是否纳入监管体系，更为显著的区别是，民间金融往往是私有产权，而中国社会的正式金融，则是非私有产权②。产权制度的不同，使得在国内违反法律的一些金融组织，仅仅是由于产权私有的因素。在另一种产权制度的社会中，则符合法律的规定。

民间金融与官方金融、非正式金融与正式金融的关系参见表3-1。

表3-1　　　　民间金融与官方金融、非正式金融与正式金融

对应关系	区别
民间金融—官方金融	产权差异 监管差异
非正式金融—正式金融	监管差异

因此，在中国社会民间金融的定义上，我们就发现了社会制度的差异对民间金融定义的影响。而在中国社会改革的过程中，产权制度的不断变迁，也蕴含着民间金融概念变迁的可能。总体看来，在当前的社会制度背景下，我们将研究的对象限定在游离于中国人民银行监管之外的以私有产权为基础的融资活动。这个定义同时包含着产权差别和监管差别两种含义。基于产权和监管的金融实践矩阵见表3-2。

表3-2　　　　　　基于产权和监管的金融实践矩阵

	监管之内	监管之外
私有产权	私有制国家的正式金融	非正式金融/民间金融
非私有产权	社会主义国家金融	部分影子银行

---

① Tsai, K., *Back-Alley Banking: Private Entrepreneurs in China*, Ithaca: Cornell University Press, 2002.

② 这里的非私有产权包含公有制、集体所有制、混合所有制即股份制。

（一）作为自发产物的民间金融

民间金融的概念是一个相对概念，始终与政府监管、正式金融相对应。然而，在现代金融制度正式确立之前，绝大部分的金融活动都可以视为民间金融活动。根据戈兹曼等人的研究，早在古巴比伦时期，人类就开始了早期的金融活动①。最初的金融活动，先于现代国家的成立，自然也就先于现代金融监管体系，是一种自发形成的金融活动。

在中国历史上的金融发展中，从邻里间的自发借贷，到组织化程度较高的钱庄、票号、当铺的出现，最初都是纯粹的民间金融活动。政府的管理是有限度的，很难覆盖到日常生活的所有金融活动，众多金融活动处在政府的直接掌控之外。尽管如此，国家对于法定货币的发行与控制，对大的钱庄、票号的直接或间接控制，也体现了政治权力对金融活动的渗透。

政治力量的渗透，使得原本民间的金融活动具有一定的信用基础，同时也造就了官方认可的金融活动，为金融活动是否合法树立了标准，维护了社会中金融的秩序，但仍然有大量证据表明，脱离官方掌控的金融活动普遍存在。有研究表明，早在春秋战国时代，就存在民间放贷行为，而到了唐朝，借贷问题从社会底层蔓延到上流阶层②。对于传统的乡土社会而言，借贷往往发生在熟人圈子中间，较少涉及政治权力、金融控制的概念。费孝通在《乡土中国　生育制度》中，也提到了中国人在亲友之间尽量避免算账的概念③，这也从一个侧面反映了传统社会的借贷关系往往与亲缘、地缘等人际关系紧密结合，处于一种相对自主的状态。

---

① ［美］戈兹曼、罗文霍斯特等：《价值的起源》，王宇等译，中国人民大学出版社2010年版。

② 段向坤、严淑琴：《比较法制史视野下的中国古代金融法制——以借贷、典当和票据为例》，《法律文献信息与研究》2012年第1期。

③ 费孝通：《乡土中国　生育制度》，北京大学出版社1998年版。

在关于国家权力和乡土社会关系的研究传统中，众多学者提出了古代皇权的限度，往往是"皇权止于郡县"，而在出现纠纷之时，乡村共同体中的精英人物也往往扮演着调节者的角色，呈现出一种"无讼"的社会状态。在日常的社会生活中，涉及借贷的种种日常实践，很难被缺乏现代金融技术的国家完全掌控。如果从国家监管的角度定义民间金融，那么中国古代的嵌入在乡土社会中的民间金融，仅仅是被部分纳入管辖之内。如果从金融机构的兴办主体来定义，则绝大部分的传统金融由非官方力量兴办，在经济实践中自发产生。

因此，当下中国社会的民间金融，并非凭空产生，而是有着悠久的历史传统。尤其在江、浙一带，很多民间金融活动有着传统的组织形式。而民间金融的存在，也有着自身的必然性。这种存在的必然性，不因政治权力的变迁而变迁。但是在具体的形式上，以及民间金融边界的确定上，国家权力、产权制度等因素发挥了重要作用。换言之，一个国家主导的正式金融体系的存在，确定了民间金融的边界。

（二）嵌入在制度中的民间金融

当下中国社会的民间金融所包含的范畴，既区别于国外的简单的非正式金融，又不同于前文所述的传统民间金融。今天特定的民间金融格局，应当视为新中国成立以来的社会主义革命和 20 世纪 80 年代以来的金融改革的产物。正是一套正式的官方金融体系的确立，才塑造出相应的民间金融。

新中国成立以后展开的社会主义革命，废除了旧中国的所有银行和金融机构，成立了新的中国人民银行，消灭了私有制。在这种情况下，原有的私有制金融机构被完全排除在合法的正式金融系统之外，自然也无法获得监管。事实上，私有的金融活动在这一时期基本上被消除殆尽。计划经济体制的全面推行，使得居民手中的货币也十分匮乏。社会中不乏个体间、家庭间的借贷现象，但是，也没有产生任何社会影响。在 20 世纪 80 年代经济体制改革以后，新的所有制形式得以出现。然而，国家并未放松对金融系统的管制。总体而言，在由计划经济向市场经济转轨的过程中，尽管新的商业银行得以成立，原有的行政指令分配金融资源的体制逐步让位于市场经济，但是完全私有产权的银行系统仍然被排除在正式金融体系之外。国家仍然掌握着对整个金融系统的控制。在这种制度背景下，所有的私有银行及各种高度组织化的私有金融机构，均处在非法的地位。

特定制度背景塑造出特定的民间金融。当下的民间金融，实际上是被特定的政治经济制度限定出来、塑造出来的。社会学的学术传统中，无论是托马斯对波兰农民的社会情境定义的研究，还是一系列有关社会污名化的研究，都揭示了宏观的制度因素和情境因素，对人类社会生活的建构机制。

具体到当下民间金融的范围界定上，就意味着，如果没有特定的国家控制的金融系统，现有的很多民间金融组织，例如，民间银行、私人钱庄，将成为正式金融体系的一部分。而国家主导的产权所有制，以及对整个金融系统的控制制度，使得一部分原本可成为正式金融的金融活动被挤压出正式体系。这是一种社会压制的机制，与此同时，正式系统的压制作用，也划定了非正式系统的边界。

概括来说，民间金融的概念是一个变化的和相对的概念，既有着先天存在的根据，具有一种哈耶克所谓之自发形成经济秩序的特征，又由于国家力量的出现，而在现实中被社会地历史地建构出来。国家、社会对正式的/合法的/可监管的金融系统的界定，同时也塑造出一个对应的非正式的/非法的/不可监管的民间金融系统。正如同阳光照射在物体上，形成了阴影一般，民间金融的形成，无法脱离宏观社会因素对合法金融的生成过程的作用。

所以，尽管经济学与金融学已经对民间金融/非正式金融的定义做出了界定，我们仍需从社会学的角度重新考虑，这种反思有必要从最基本的概念开始，也构成了我们此次研究的基本视角。

二 民间金融的类型学分析

改革开放以来的民间金融，无论在组织形式上，还是在实践方式上都和传统社会的民间金融有所不同。以往的众多历史研究、人类学研究和经济学研究都对民间金融的各种不同形式进行了详细的描述。我们在这一节，将从民间金融的组织化程度、合法化程度两个维度对现存的民间金融现象进行归纳。

在真实的社会实践中，民间金融是一系列金融活动的连续体。从最简单的个体与个体，家庭与家庭之间的借贷关系，到稍微具有组织化程度的合会组织，再到完全模仿现代银行制度建立的私人钱庄和私人借贷，组织化程度逐渐提高。而与之相应，民间金融也存在一个法律意义上合法性的连续体，从完全法律意义上的合法，到法律意义上的不合法，存在一个逐渐变化的过程。

（一）从简单借贷关系到组织化借贷

形式最简单的民间金融当数个体之间、家庭之间、民营企业之间简单的借贷活动。这种借贷关系是民间金融最基础的社会关系，也是国家权力较难涉及的部分。这种借贷关系建立在传统的社会关系网络基础上，凭借血缘、地缘、业缘等较为基本的社会因素作为保障，这种简单的借贷关系一般不涉及第三方，不涉及复杂的组织形式。即使没有法律的保障，这种基本的借贷形式也不会从社会中消失。所谓"欠债还钱，天经地义"等传统的社会观念，成为简单借贷关系的道德基础和行事准则。而建立在熟悉关系之上的信任，成为借出者期望获得回报的根基。

随着社会成员交往方式的扩大，尤其是在货币资源匮乏时期，缺乏资源的借钱者周围能接触到的社会成员出现集体性的资源匮乏，仅凭亲朋好友很难借到足够的货币。此时，组织化程度较高的专业放贷者出现，其甚至发展成专业的金融机构。由于国家控制的官方金融机构出于种种原因无法向个体提供金融资源，作为替代，专业的民间金融开始出现。于是，借贷关系由最初的个体之间的社会关系，逐渐演变为个体与组织之间的社会关系。在借贷关系由简单的个体关系向个体与组织关系转化的过程中，第三方的行动者也开始出现，例如，专业的借贷中介，也就是很多乡村借贷中的银背。这种金融演化的逻辑与西方一般意义上专业的金融机构演化逻辑，在本质上并无明显差异。这一过程往往是西方各国在市场经济发展前期的经历，它在当代中国的重现，很大程度上是因为改革开放以来中国经济生活的重新开始。而占据主导地位的国家垄断金融系统，又使得这一过程转入地下。

而在借贷关系组织化的过程中，另一种基于互惠的组织形式也有可能出现。这种基于互惠的组织形式就是在江、浙、闽等乡村中较为常见的"会"。这种"会"的形式多样，包括合会、抬会、标会等。无论其名称和运行方式如何变化，其核心的运作模式均为：由多方共同出钱，可以按照时间序列定期出钱，或者按照其他顺序轮流出钱，所有的钱汇入一个总的现金池中，借给一个人，到期还钱，每个人都可以获得借钱的机会，需要按照借钱的先后支付相应利息。这种"会"的形式，仍然是建立在相互熟悉的乡土社会基础之上。一旦参与"会"的一个成员决定携款潜逃，那么所有参与"会"的成员都要承受经济损失。

自 20 世纪 80 年代以来，伴随着民营经济的逐渐发展，民间金融又出现了组织与组织之间的借贷形式。在经济改革之初，国家的金融资源基本上投向国有企业。根据张杰等人的研究，从 1985 年至 1996 年，流向非国有部门的信贷资源很少，非国有部门（包括乡镇企业和农业）所用贷款占全部银行贷款的平均比例仅为 19.03%，最高的 1993 年也不过为 20.98%[①]。而在蔡欣怡的研究中，提到了中国民营企业在资金匮乏条件下发展壮大的奇迹，在这一奇迹背后，是民间金

---

① 张杰：《中国金融制度的结构与变迁》，中国人民大学出版社 2011 年版，第 37 页。

融活动为中小企业提供了大量的原始资本①。在这种情况下，民营企业之间的借贷，民营企业向民间金融机构的借贷，成为一种组织与组织之间的借贷。

表3-3表明了民间金融活动的几种类型，构成了从简单的个体社会关系到组织间社会关系的连续体。

表3-3　　　　　　　**从简单借贷关系到组织化借贷**

组织化程度：低　——————————————————→　高

类型	邻里亲朋间的借贷	合会、抬会、标会等互助组织	银背、当铺、高利贷等个体或组织	担保公司、贷款公司、地下钱庄、民间银行②、投资公司
借贷中的社会关系	个体与个体、家庭与家庭	群体关系	个体与组织关系	组织间关系（公司与民间金融机构、民间机构与国家机构）

在表3-3中没有涉及的是公司间的相互借贷，这种借贷往往发生在熟悉的公司经营者之中，可以视为一种较为正常的私人借贷，凭借公司之间的业务关系或者公司领导人之间的私人关系展开。在此，不做进一步论述。

（二）从法律意义上的合法借贷到非法借贷

除了从组织化、制度化程度的高低这一维度对民间金融进行划分之外，另一个有意义的维度是民间金融的法律合法性维度。民间金融市场的法律合法性由正式的法律体系所确定，而有关民间金融的法律规定也处在不断的变迁之中。所以，民间金融中各种类型的法律合法性也在不断变迁之中。而这种变迁，正是本次研究最为重要的解释对

---

① Tsai, K., *Back-Alley Banking：Private Entrepreneurs in China*, Ithaca：Cornell University Press, 2002.

② 民间金融中的担保公司/小额信贷公司等往往超出了实际经营范围，仅从我国现有法规来看，担保公司和地下银行不能混为一谈，但是在具体的实践中，各种违法的民间金融机构经营范围已经趋于一致。这一点将在后面的研究中详细论述。

象，将在后面几章中详细地讨论。在这里，我们将简要描述出不同类型的民间金融实践在不同的历史时期的法律合法性程度。

表 3-4 分别显示了三个历史时期民间金融实践的法律合法性程度。

表 3-4　　　　　　三个时期民间金融实践的法律合法性程度

法律合法性程度：高 ————————————————————→ 低

时期＼类型	邻里亲朋间的借贷（简单借贷）	合会、抬会、标会等互助组织	银背、高利贷、集资公司	贷款公司、民间银行
社会主义革命之后（1954—1978）	合法	部分合法	非法	非法
改革开放以后至温州实验（1978—2012）	合法	合法性模糊	不合法	不合法
温州金融实验以后（2012—）	合法	需具体判定①	不合法	有条件的合法

正如前文所述，各种民间金融的法律合法性由特定时期的法律法规所确定。在新中国成立不久开展的社会主义革命时期，公有制产权完全替代了私有制，私人金融机构被完全消灭。此时，任何形式上的私有金融机构都是违反社会主义制度的。但是，民间的个体间的私人借贷并未完全消失，而一些家庭间组织的资金互助会也并未完全消亡。这一时期，当铺作为地主阶级和资产阶级剥削、压榨劳动人民的机构，几乎被完全消灭②。而 1978 年以后的改革开放，使得公有制以外的产权形式得以存在，乡镇企业、集体企业、私营企业、混合所有制企业的出现，为民间从事金融类经营的机构创造了诞生的土壤。20 世纪 80 年代初期，社会主义国家的当铺分别在浙江、陕西等地出现，被称为有效缓解金融资源紧张状况的新方法。与此同时，在改革集体

---

① 根据未向社会公开宣传，在亲友或者单位内部针对特定对象吸收资金的，不属于非法集资。

② 李维庆：《近现代中国典当业之研究》，博士学位论文，南开大学，2009 年。

共识的指引下，各地开始了民间金融的创新，各种介于集体所有制和私有制之间的体制外金融机构开始出现，浙江温州等地也开始了"合会""标会"的热潮。在此期间，国家及时颁布了《中华人民共和国银行管理暂行条例》等法律法规，划定了各种金融机构的法律合法性，禁止和取缔了某些金融活动①。此后，随着一系列金融法规和政策的颁布，非法金融和合法金融的界限逐渐被确立起来。

在当前的法律体系下，区分合法性和非法性的界限有着几个明显的标准。一般而言，民间金融组织化程度越高，越趋近于现代银行制度，就越容易违反国家的法律规定，成为非法金融机构。因此，特定关系间的借贷，更具有法律意义上的合法性，而"非特定关系"间的借贷，更容易成为非法借贷。早在1986年，当时颁布的《中华人民共和国银行管理暂行条例》第二十八条规定，"地方各级人民政府不得设立地方银行。个人不得设立银行或其他金融机构，不得经营金融业务"②。其次，对于依法成立的民间金融机构，如小额贷款公司、当铺等机构，可以向不特定的个体提供金融资源，但不能从不特定的个体获取金融资源，也就是通常意义上的"只贷不存"。最后，关于利息的限定，"民间借贷的利率可以适当高于银行的利率，各地人民法院可根据本地区的实际情况具体掌握，但最高不得超过银行同类贷款利率的四倍（包含利率本数）。超出此限度的，超出部分的利息不予保护"③。超过一定的利息，就成为了非法的高利贷，不受法律的保护。

可以看出，法律合法性的制定随着不同的历史时期而变化，也根据民间金融的组织化的不同而变化。在很大程度上，一定历史时期内，也与民间金融与国家正式金融系统争夺资源的能力密切相关，危及正式的金融秩序的民间机构，更可能成为非法的机构。因此，我们

---

① 《中国金融年鉴1986》，中国金融年鉴杂志社出版公司1986年版，第Ⅲ–11页。

② 《中华人民共和国银行管理暂行条例》，转引自《中国金融年鉴1986》第Ⅸ部分《金融法规选编1986》，中国金融年鉴杂志社出版公司1986年版，第Ⅸ–2页。

③ 《最高人民法院关于人民法院审理借贷案件的若干意见》，法〔民〕〔1991〕21号。

在这一研究中，论述民间金融在法律意义上被逐步合法化时，意指原本非法部分的民间金融逐步被国家法律认可。而私人之间的简单借款，本身就一直具有法律意义上的合法性。此外，民间金融过程中存在的欺诈、胁迫等行为，一直具有法律意义上的不合法性，也不会在任何社会系统中被认定为合法。这一部分行为不等同于民间金融本身，民间金融的合法化不包含这类行为的合法化。

三　民间金融的日常实践

在明确了当下民间金融市场的边界与合法性的界限之后，我们开始对江苏省徐州市一个具体的民间金融市场加以考察，以期了解民间金融市场的具体运作情况，这种对民间金融实践日常运作模式的把握，是我们理解民间金融合法性的社会建构过程的前提。如果说，民间金融的合法性变迁与形成，是一个较为宏观的社会历史过程的话，那么在这一节中，我们选取一个时间的节点，对民间金融具体实践模式进行一种微观描述和解读，也构成了我们超越日常实践，理解米尔斯所谓的超越个体命运的社会因素的基础[1]。

在这一节中，我们将选取江苏省北部的徐州市，对该地区金融市场的运行状况和实践模式进行简要分析，归纳出这一地域民间金融的运作模式，建构出民间金融实践中的行动者模型。关于一个地方性市场的金融运作模式是否具有普遍意义的问题，我们仍需冷静地思考。显然，以往的研究也证明，区域性的地方民间金融市场有着地方性特征。计划经济时期特定的制度遗产，一个地区特定的历史文化传统，以及地方政府不同策略，都将塑造出特定的民间金融实践过程[2][3]。

---

① ［美］赖特·米尔斯：《社会学的想象力》，陈强、张永强译，生活·读书·新知三联书店 2016 年版。

② Tsai, K., *Back-Alley Banking*: *Private Entrepreneurs in China*, Ithaca: Cornell University Press, 2002.

③ 李扬等主编：《中国城市金融生态环境评价（2005）》，人民出版社 2005 年版。

但是，不可否认，当下各个地域间的民间金融有着很多的共性，也有着很多的联系。我们的调查也许可以起到管中窥豹、一叶知秋的启示作用。退一步而言，我们在此处解剖麻雀的调查，并不是为了得出绝对意义上关于民间金融运作模式的普遍有效性结论，而仅仅是为了从一个真实的民间金融市场的实践模式中，发现特定的行动者，以及实践中行动者面对同一个国家力量、法律环境的行动策略。这些具体的、感性的和微观的民间金融运作过程，是我们理解更广阔的社会建构过程的前提。

（一）一个民间金融市场的时空定位

笔者调查的地区徐州地处江苏省西北部，位于京沪、陇海两大铁路交会处。地理位置恰好在中国的南北分界线淮河以北，属于中国北方到南方的过渡地带。文化上西邻中原文明河南，北依孔孟故里山东，南接江浙地区，大体上属于北方文化圈。但是行政区域上的划分，使得徐州的经济政策和法规，受到整个江苏省级政府的影响，大体上与苏南保持一致。同时，便利的交通，也使得徐州与江苏南部和浙江地区的联系日益紧密。在调查中，我们发现了徐州的民间金融与苏南的城市乃至温州有着紧密的联系。

笔者对徐州民间金融的人类学调查，第一次始于 2011 年春，最后一次截止到 2013 年秋天，正好遭遇到国内的民间借贷危机，以及蔓延至全国各地的民间借贷跑路风潮。在整个 2012 年，徐州地区的 GDP 总量约为 4020 亿，排在整个江苏省的第五位，苏北地区的第 1 位，全国的第 33 位①。根据笔者在徐州市工商局搜集的资料，整个徐州市约有与金融相关的民营公司千余家，包括形形色色的担保公司、投资公司、典当公司、从事抵押贷款的房产中介公司。此外，还存在数量难以估计的未正式注册的私人机构，甚至无实体公司的专业放

---

① 资料来源：http://www.360doc.com/content/13/0617/07/2198695_293394859.shtml，宜居城市研究室发布，原始数据来源于各市政府 2012 年政府国民经济统计公告。

贷者。

　　各种类型的民间金融机构分布在城区中。较小规模的借贷公司，往往以房产中介的形式出现，或者主营房产中介，兼营放贷业务。此类公司往往散布在城区的各个居民小区周围，或是在新建的楼盘附近。而稍具规模的担保公司、投资公司、典当行则集中在繁华的闹市区的一条街道上，尤其以这条街道上的一座大厦 A 为代表。在调查中，当地了解民间集资的人员告诉笔者一句流行的话语，"如果你想发财，要么你在 A 中，要么你在去 A 的路上"。事实上，在 2012 年夏天民间借贷出现部分危机后，A 大厦成为一些放贷者跳楼的场所。更多的民间借贷行为，并不发生在固定的场所中，从而，很多地下金融活动是无形的。有些涉及面较广的民间集资活动，并没有具体的办公场所，仅仅通过熟人关系网络，口口相传得以完成。但是往往这些非正式的筹集资金活动，处在整个民间金融链条的底层，是和较为正规的民间金融机构联系在一起的，最终筹集的资金，很多都流入到较大的民间金融公司中。

　　此外，在公开的金融公司背后，还隐藏着一些隐性的金融公司。在徐州的民间金融市场上普遍存在着经营其他业务的公司，私下从事民间金融活动的情况。在这种情况下，私营企业从民间募集资金，一部分用于自身主业的扩大生产，另一部分用于民间借贷运作，甚至完全抛离主业经营，完全用于资本运作。例如，在调查中我们发现的 TF 烟酒公司、DD 婚纱摄影等。这种公司相对于公开的民间金融公司，更深地隐藏在地下。

　　而在 20 世纪八九十年代的一些研究中，江浙一带及台湾、美国西海岸亚洲移民中较为常见的各种合会的组织，在 2000 年后的徐州地区并不普遍。在以往的研究中，合会等民间借贷形式多发生于乡土社会中，形式也较为复杂。合会的主持人，也往往是家庭中的女主人[1]。这种传统的借贷形式，往往一次涉及的金额并不大，设立的原

---

[1]　Tsai, K., "Banquet Banking: Gender and Rotating Savings and Credit Associations in South China", *The China Quarterly*, No. 161, 2000.

本目的更多是进行资金上的互助。而在笔者的调查中，徐州区域缺乏这种民间互助金融的传统，此外，这种较为复杂的借贷形式，在效率上无法和仿照正式金融机构发展起来的民间金融机构相比。在货币匮乏的时代，这种古老的借贷形式可以缓解家庭的消费问题，而在市场经济逐渐发达的年代，按期轮流获得金融资源的合会，逐步让位于市场机制部分发挥作用的地下金融市场①。

因此，在整个徐州的民间金融市场上，公开的民间投资公司、借贷公司、典当行、担保公司，主要集中在市区的 Z 街附近的写字楼 A 中，此外，也有不少公司散布于各个居民区周边的商业店铺内。而从事非正式的房产出租、二手房销售的小型中介公司分布在全市各处，大部分中介公司都暗地里从事抵押贷款、放贷收钱的业务。更加无形的民间金融市场存在于一些私营公司之间，部分的私营公司除了自身的实体业务之外，也开始采用各种方法从民间获取资金。而这些民间金融公司的基层"员工"们，则渗透到了日常社会之中，看似是形式上模仿正式金融机构设立的金融公司，获取资金的渠道却更多地依赖于社会关系网络。

徐州的民间金融机构的地理分布，从一个侧面反映了整个民间金融市场的公开化程度。近似于民间金融一条街的地理位置的出现，说明了地方管理者对于民间金融发展的默许态度。类似的情况也可以见于鄂尔多斯和温州。在一些城市，从事民间金融的企业尽管违反了相关的法律规定，但是仍然可以公开地经营。而更加隐蔽的是没有固定地点的民间金融，多发生在经营其他业务的公司，也存在于熟人之间。

（二）民间金融公司的日常经营（1）：S 房产中介

在上一节中，我们大致可以了解到徐州民间金融组织的类型及其

---

① 这种判断未必适合于浙江温州地区，在 2010 年，有媒体报道，温州地区仍然存在着合会现象。造成这种地域差别的原因，很可能是南方地区有着更深厚的民间合会传统。

地理分布，而不同类型的民间金融实践，既有着不同的内在运行方式，又有着共同的实践策略，在应对政府监管、银行竞争、宏观政策变迁的情形下，各自发展壮大。在这一节，我们将分析徐州金融市场上，各种民间金融机构的运行方式，包含最基本的日常开业方式、盈利方式、筹集资金的方式、放贷方式。

我们回到民间金融最基本本质的社会关系分析上。最简单的金融关系包含着两种社会行动者，即出钱者和借入者，二者的社会互动构成了最基本的借贷关系①。借入者有着对货币的需求，而出钱者可以提供货币。出钱者以各种形式将货币提供给借入者，获取了在未来约定时间内索回欠款的权利，同时借入者背负上相应的债务。而银行等金融中介的出现，则成为出钱者和借入者的中间行动者。银行等机构可以从非特定的出钱者中筹集资金，集中出借给借入者，也可以用于自身的其他投资。而自发产生的民间金融机构，在筹集资金和发放贷款这一层面上，与一般的金融机构在实质上并无区别。对于当下合法的银行而言，主要的盈利方式是获取存款与贷款之间的利息差②，即获取存款的利息较低，而发放贷款的利息较高（见图3-1）。

出钱者 ————————————————→ 借入者

出钱者 ——利息1——→ 金融中介 ——利息2——→ 借入者

图3-1 主要盈利方式

同样，各种民间金融机构的盈利模式也是以获取利息差为主，反映在徐州的民间金融市场上，就是各个民间金融机构的两种运作步骤：吸储和放贷。第一步是利用一切方式进行资金的吸收工作，第二步就是将吸收的存款以高利息出借给有需求的企业和个人。而对于一

---

① Carruthers, B. and L. Ariovich, *Money and Credit*, Malden: Polity Press, 2010.
② 现代银行的盈利方式较为多元化，但是众多研究表明，目前我国商业银行的主要盈利模式还是以存贷利息差为主。

些非金融公司的民营公司而言，很多公司将吸储用于公司发展。到了民间金融危机爆发的时候，放贷则很可能遭遇收不回来的死账，这个时候，很多民间金融机构的策略就变成了只吸储，不放贷，甚至转变成了吸储、跑路。

在徐州的民间金融市场上，最小的金融机构就是居民小区周边常见的房地产中介，在经营房屋买卖、出租的同时，经营房屋抵押贷款的业务，也包括无抵押直接贷款，即高利贷的业务。这种小型的民间金融组织，对应我们的民间金融类型划分中的第三种，涉及个体的借贷中介、小型的高利贷团伙。而这些金融活动往往隐藏在房地产中介的合法性外衣之下。这种小店有着几乎一样的运行方式。其规模很小，一般只占据一间 10 平方米的小屋，与路边理发店、杂货店、水果店比邻而居。我们以 S 房产中介为例，探讨这类小型地下金融公司的经营方式。

2011 年春天，我们经熟人介绍，第一次来到 S 中介调查。S 中介是大型社区 HB 新村众多房产中介中的一家，主要业务人员 2 人，经营面积 9 平方米，已在市工商局登记，主要经营业务是房屋租赁、二手房中介业务，暗地里为买房人提供高利贷服务，也收取各类熟人介绍的资金。

在 S 小店的屋外，悬挂着黑板，上面一方面有着邻近小区房屋的租售价格，一方面写着房屋抵押贷款的简单广告。这类广告，往往在地方政府没有严厉打击以前标示得非常清楚，而在地方政府开始打压非法集资以后，就悄然隐藏起来。屋子有一个常驻值班人员，负责照看店里的生意。前台负责接待客户，提供出租和销售房源信息，也负责记录前来出售二手房的顾客的信息。关于借钱和吸储的业务，老板 LY 并不避讳。

在访谈中，LY 介绍了放贷业务的一般流程：

> 一般都是急着买房子没有钱的客人，我们也有办法帮他们筹集到一定的资金，至于这个资金的利息，就是按照市场行情，也

不是咱一家说了算。你要是有原来房证抵押，利息就低，没房证，利息就高。也有一些急着卖房子的人，也等用钱，咱也能帮他弄到，一般这种都可以先拿房子过来抵押，暂时卖不出去也没事。①

可以看出，S 中介的主要放款对象与房地产有关，从简单的房产客户的介绍工作，到为买卖双方提供资金，似乎是水到渠成的发展。在谈到为什么开始为顾客放贷时，LY 谈道：

> 现在的中介都有这一项业务，因为很多人从银行贷不到钱，又急等用钱，他没办法，咱现在能筹集到钱，正好给他们，挣个利息差，咱也不挣啥大钱，但生意也还不错。②

在问到如何获取资金时，LY 提到了亲戚朋友，声称并没有从陌生人那里筹集钱款，不存在非法集资的事情。

> 咱这里的钱都是亲戚朋友介绍的，都是熟人，哪能随便拿陌生人的钱。不过也有些客户，在咱这买卖过房子，就成朋友了，也信咱们，就把钱投在这了，咱这利息高，怎么都比投银行划算，你要是有钱，也可以投资，现在放银行贬值多厉害。③

谈到如何保证客户按时还钱时，LY 还是充满信心的，因为大部分放款，都是以房产作为抵押，如果客户没有及时归还，就可以收回房产，对于没有房产抵押的客户，LY 背后还有一帮"兄弟"可以帮忙。

---

① 资料来源：访谈资料 LY1。
② 同上。
③ 同上。

如果不还钱，咱要他房子。没有房子的，咱还有专门要债的人，干这一行，谁没有个道上的人。①

实际上，更多的时候，S中介也不是直接把钱借给客户，很多的业务都是回归中介的角色，促成出借方和借钱人的直接借贷行为，从中间抽取利息提成。这样，可以有效地规避一定风险。但是，这种纯粹的中介行为毕竟赚钱较少，到了2011年底，根据熟人YY的介绍，LY已经开始大规模地自己收钱，然后放给更大的公司，赚取利息差。很多出钱人并不知道自己的钱借给了谁，只知道放到了S中介中。

（三）民间金融公司的日常经营（2）：D公司

而D公司，则是S中介的放钱对象，LY认识了X，而X则认识D公司的H，于是，S中介成为了D公司资金链条上的一环，客观上帮助了D公司筹集资金。D投资公司，则是不同于S中介的另一种民间金融组织，它规模较大，声望较高，有着比较复杂的背景。

D公司坐落在闹市区的A大厦中，其主业并不是经营投资，而是其他实业，号称资产过亿。D投资公司仅仅是D公司的一个子公司，但是发展到后期，在普通民众心目中，投资公司俨然成为了D公司的全部。图3-2表明了徐州民间金融的层级结构和D公司在这一结构中的位置。

我们在2011年对D公司的调查中，发现D投资公司在形式上已经高度组织化。与S中介相比，这种专业的投资公司正在朝着正式金融机构的组织结构和运行模式转变。按照我们在调查中访谈的投资者的说法，"这种投资公司和银行没啥区别，连柜台都差不多"。

在实地的观察中，D公司租用了A大厦的大部分楼层。整个大厦的一楼，是模仿银行营业厅建造的营业大厅，有专门的迎宾人员、柜台、出纳。在后台，有专业的会计、经理等工作人员。这种未经过国

①　资料来源：访谈资料LY1。

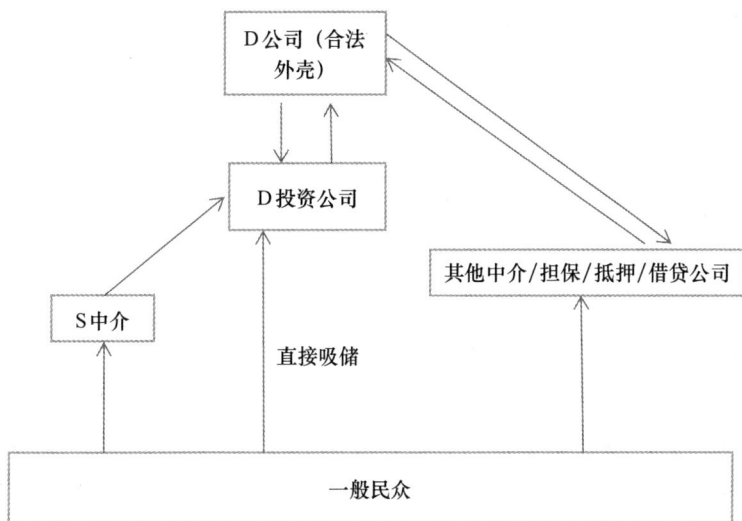

图 3 - 2　徐州民间金融的层级结构：以 D 公司为例

家金融部门批准的民间金融组织，却有着和正式银行几乎相同的机构和组织设置。

D 投资公司每天早上 9 点开始营业，下午 5 点关门。每天都有不少顾客前来存钱，也有部分顾客咨询办理贷款业务。除了在人流量上远远不及同处于闹市区的商业银行网点之外，一切看上去，都与正式银行接近。在调查中，我们了解到，直接在营业厅办理的吸收存款业务，仅仅是 D 投资公司获取资金的一小部分，更多的获取资金的业务，发生在营业厅之后，即发生在后台，通过熟人介绍获取资金。而正式的营业厅，更多的是为了证明 D 投资公司的正规和公开。

D 公司更多的资金来源，因为涉及较为严重的违法行为，因此公司的管理人员拒绝调查，也不愿做任何解释。在 D 公司倒闭后的 2012 年，我们从一些投资者那里，获知了他们投入 D 公司的方式。根据一位投资者的说法，D 公司有一些跑业务的业务员，专门负责拉资金。而这些业务员则是深入到更低层级的小中介公司中，或是利用自己的社会关系网络，获取亲朋好友的资金。

> 有一个业务员站住搁（长期在）大黄山①一个村子里，整个村子的钱几乎都被她拿完了，都得有好几千万……她平时可好了，又给人送东西，又讲究，谁刚开始放钱，想拿回去都按时按利息还钱，到后来都把钱放她那里。②

相应地，根据访谈，我们获悉："D投资公司获得的大部分资金，也并不真正向公众提供小额贷款服务，而是更多地用在D公司的其他运作上，具体资金是如何运作的，谁也不得而知，也许是放给温州的商人了，也许是投资房地产了。"但是在这一个地方市场上，D公司显然位于民间金融链条的顶端。

从调查中，我们不难发现D公司的运行模式。一方面经营着自己的实体投资项目，一方面从民间获取资本。从民间获取资本的利率远高于银行利率。但是，发展到一定阶段，出于种种原因，成立了专门的D投资公司，盈利的重点转变到民间吸储上。由于规模较大，D投资公司的组织形态开始接近正式的银行，但是另一方面，资金主要还是通过社会关系网络获得。这一特征仍然是典型的民间金融特征。

此外，D公司在本地做了大量的宣传工作。在D投资公司开业时，不仅有盛大的开业庆典活动，还在当地的电视台做出了宣传。根据H的说法，D公司的老板有很多朋友，这些朋友能力很大。

> 上面肯定有人，都这么说，但是具体是谁，这咱怎么知道？——H③

按照组织研究中的新制度主义学派的观点，这种金融机构组织上

---

① 大黄山为徐州市郊的一个镇。
② 资料来源：访谈资料H1。
③ 资料来源：访谈材料H2。

的同构性，往往是出于机构合法性的考虑①。而在这样一种半地下半公开的金融市场上，非正式金融机构向正式金融机构的模仿，一方面是出于功能上的相近性，更大一方面，是想向其顾客群体彰显其自身的合法性地位。尤其值得注意的是，这种合法性地位尽管不是正式法律所赋予的，但是通过模仿正规化机构的策略，却能获得一定程度的社会认可。

（四）小结：策略、行动者框架和合法性

以上两个小节描述了徐州民间金融市场上，两种最为常见的民间金融组织的运行方式。表 3-5 是对这两种民间金融组织运作的概括。

表 3-5　　　　　　　　**S 中介和 D 公司的运作模式**

	盈利方式	筹款方式	资金去向	社会互动的对象	获得法律认可的策略	获得社会认可的策略
S 中介	利息差	熟人	大的投资公司、二手房贷款者	二手房房主/购房者/D 公司/地方管理者	从事合法的房产中介	熟人关系
D 公司	利息差/直接投资	一般散客/熟人/小型金融组织	经营本公司产业/其他公司/消费	一般市民/小金融组织/地方管理者	从事合法的实体产业/合法的投资公司	公开化/正规化/模仿策略

从表 3-5 中可以发现，两种公司在规模和运行方式上有着诸多不同，但是共同的盈利模式，都是以获取利息差为主。而在资金去向上，两种民间金融组织在某种程度上处于同一个融资的资金链条之中，但是在这一个资金获取链条的位置有所不同。S 中介处于整个民间金融市场的底端，而 D 公司则处在整个体系的顶端。由于所处的市场位置不同，两者也面对着不同的社会互动对象。S 中介更多时候需

---

① Meryer, J. and B. Rowen, "Institutionalized Organizations: Formal Structure as Myth and Ceremony", *American Journal of Sociology*, Vol. 83, No. 2, 1977.

要直接从一般客户处获取资金，在募集资金的过程中，利用社会关系进行各种资源的动员，在放出资金时，需要面对诸如 D 公司等较大的投资公司。而 D 公司的资金来源和资金去向都比较复杂。在资金来源上，既包括从一般社会成员处募集的资金，又包括从小型中介处获取的资金，也包括 D 公司从其他不公开的渠道获取的资金。在用途上，D 公司将所获取资金既用于自身经营，又运用于其他隐秘的资本运作。

在实践中，无论是 S 中介还是 D 公司，在面对正式乃至其他非正式金融机构的竞争、外部法律的制约时，都需要采取相应的策略，来保证自身的生存和发展。因此，我们可以将民间金融组织的日常行动策略概括为两种，一种是盈利策略，一种是合法性策略。盈利策略是指民间金融组织的行动者，在面对正式金融机构的竞争，以及同业竞争时，动用相应的资源，所采取的获取资金、发放资金、维持盈利的行动模式。而合法性策略则是民间金融组织的行动者在面对中央政府的压制、地方政府的管理、法律体系的限制时，动用相应的资源，获取社会支持、政治支持和规避法律制裁的行动模式。

在徐州的民间金融市场上，在盈利策略方面，无论是小型的金融组织，还是较为正规化的大型民间组织，都在市场竞争中采用了类似的竞争方式。首先，是将社会关系网络当作获取资金的渠道，通过对社会资本的运用获取金融资本。其次，涵盖着亲缘、地缘、业缘的熟人关系，同时成为了借钱与还钱的信用基础。最后，在市场上，形成了层级有序的资金获取渠道和发放渠道，从个体的放贷业务员到小型的金融组织，最后是正规化的大型金融组织，在市场上行动者的运作下，形成了较为稳定的地下金融资金提取—发放的层级模式。

而在合法性策略方面，在我们实地调查的初期，没有赶上大规模的地下金融清理活动，这时候，各种民间金融组织并没有完全转入地下，而是处于一种半公开的状态。为了能够在与法律政策相悖的情况下顺利运作，各种金融组织需要披上一种合法性外衣，即首先从事一种完全合法的业务以进行遮掩，例如，S 中介的房地产中介业务，D 公司的其他实体产业，以及一些担保公司从事的合法担保业务。然后，在法律规定的经营项目之外，同时从事其他地下金融业务。而在这一过程中，更加隐秘的生存策略则是与地方政府的结盟。无论是小金融公司背后依附的政府公务人员，还是大型金融组织对地方政府的纳税贡献，都可以使得民间金融在实际运行时获得地方管理者的默许。而类似于 D 公司，为了获取社会成员的认可，在整个公司的形象包装、组织机构建设上，都采用了对正式金融机构的模仿策略，使得整个公司更好地获取市民的信任。

四　本章小结

在这一章中，我们可以发现，一个民间金融市场上的行动者涵盖了出钱者、民间金融中介（包括小型的民间金融组织和大型的民间金融组织）、借钱者（一般的市民、需要贷款的民营企业）。在民间金融市场上，各个行动者在特定的情势下采用特定的实践策略。对民间金融组织而言，一方面需要在市场竞争中盈利，采取一种盈利策略。另一方面需要在不确定的条件下，尽量维系自身的合法性地位。

而在日常实践中，在没有大规模地清理整顿民间金融活动时，国家与地方管理者作为隐藏的行动者，并不直接参与到民间金融市场的社会互动之中。此时，国家的政治权力、法律体系、地方的政策却并未从民间金融市场的日常实践中彻底消失，而是通过对市场上何种金融合法，何种金融行为非法的界定，限定着市场行动者的行动边界。为了回应这种合法性的限定，市场上的其他行动者也采取了特定情境下的合法性策略，来寻求特定情境下的生存和发展。而民间金融市场自身的发展策略及其结果，又重新影响了国家对于民间金融市场的认定，重新建构起民间金融市场的合法性位置。

在后面章节中，我们将目光从金融市场上的微观互动模式，转向更加广阔的宏观层面，考察在日常实践中隐身的市场行动者——国家和地方政府，在中国金融改革的背景下与民间金融活动斗争、合作与妥协的历史进程，这一进程，也正是民间金融的合法性地位被历史地、社会地建构的过程。

第四章　国家行动者：政治动员式的整顿活动

　　一个民间金融市场的具体运作方式，仅仅是微观层面上民间金融日常实践的冰山一角。市场的管理者和立法者，隐藏在民间金融市场的背后，无法在每天的交易中被直接观察，却无时无刻不在发挥着影响。在回溯国家和地方政府对民间金融市场各个时期的不同管制策略和整顿运动时，不难发现，在社会建构论的视角下，民间金融市场的合法性变迁绝非一个简单的经济现象，而是一个充斥着复杂的压制—反抗，制度约束—实践回应的具体过程。

　　从1956年开始，新中国确立了社会主义计划经济体制，建立了以中国人民银行为主的"大一统"的银行体系。在这一阶段，除了少量的私人借贷关系之外，大部分民间金融活动基本上销声匿迹。而1978年经济制度变革开始，伴随着新的所有制形式的出现，私营经济、乡镇企业开始了蓬勃发展的历程，民间金融活动也逐渐复苏。伴随着民间金融活动复苏的，则是中央政府对金融秩序的数次大力整顿。在几次大规模的针对民间金融的清查运动中，我们分别从20世纪80年代、90年代和21世纪三个时间段进行回顾。

一　20世纪80年代：第一次整顿运动

　　大量的研究已经表明，中国改革开放后民间金融的蓬勃发展伴随着乡镇企业和民营经济的发展。在20世纪80年代初期，浙江等东南沿海地区出现了最早的非公有制经济时，国家掌控的金融系统并不能为其提供充足的信贷资源，为了谋求自身的发展，一些个体户、私营企业主不得不依靠非正式渠道获取金融资源①②③。另外一些研究也揭示了农村的日常资金需求，是引发有规模的组织化民间金融活动的重要原因。此外，民间金融活动的盛行不仅仅为私营企业提供了大量的资金，另一方面，也为从事民间金融活动的专业阶层带来大量的获利空间。20 世纪 80 年代，浙江等地兴起的合会、标会风潮不仅仅是中小企业融资需求的体现，也是当地居民实现发财致富理想的具体实践。这些非公有制企业和从事民间金融活动的城乡居民，无疑是民间金融演变过程的重要行动者，但是，更加难以被忽视的行动者是国家。

（一）稀缺的资源和绝对控制体制

从更加宏观的视角来看，厘清制度层面的几点背景因素，是我们理解 20 世纪 80 年代民间金融整顿运动的前提。首先不容忽视的是 20 世纪 80 年代的金融信贷体制。在 20 世纪 80 年代，整个金融系统仍处于计划经济体制下，尽管已经先后经历了两次制度变革，但是就总体而言，国家依然通过行政手段牢牢掌控信贷资源，严格实行信贷中央控制制度，几乎所有的贷款发放都要严格按照政府制定的经济计划来执行。在新中国成立初期，我国实行"统收统支"的信贷管理制度，其基本内容是"统一计划，分级分项管理，存款由总行统一运用，贷款实行指标控制，由上至下层层传达，不得突破"④，这就意味着中央对各级贷款发放指标具有绝对的控制权。从 1979 年开始，

① Tsai, K., *Back-Alley Banking: Private Entrepreneurs in China*, Ithaca: Cornell University Press, 2002.

② Ayyagari, K., A. Demirguc and V. Maksimovic, "Formal Versus Informal Finance: Evidence from China", *The Review of Financial Studies*, Vol. 25, No. 8, 2010.

③ Allen, F., J. Qian and M. J. Qian, "China's Financial System: Past, Present and Future", in Brandt and Rawski (ed.), *China's Economic Transition: Origins, Mechanism, and Consequences*, Cambridge: Cambrige University Press, 2006.

④ 《中国金融年鉴1986》，中国金融年鉴杂志社出版公司1986年版，第Ⅲ-4页。

伴随着经济体制改革的启动，中国人民银行开始实行"差额控制"的信贷资金体制，具体政策被概括为"统一计划，分级管理，存贷挂钩，差额控制"。与改革前相比，各级人民银行的存贷款按比例挂钩，实行差额包干，各级人民银行存款较多，就可以发放较多贷款，反之亦然①。在此种制度下，各级分行具备了一定的放款灵活性，放款额度由绝对的总量控制转为存贷差额控制。

1984年，中国的银行体制产生了重大变革，从中国人民银行分化出新的专业银行，中国人民银行不再承担具体的银行职责。随之而来的，是信贷制度的变革。1985年，新的信贷资金管理办法出台，具体原则转变为"统一计划，划分资金，实贷实存，相互融通"②。在这种制度下，中国人民银行综合平衡全国各专业银行的存贷款资金总量，核定各专业银行信贷资金计划。而各个专业银行与中国人民银行之间资金独立，各个专业银行之间的资金独立。在具体的存贷关系上，实行实贷实存的政策。

20世纪80年代的银行存贷制度，虽然在银行贷款的自主性上有所放开，但是贷款总量仍然由国家严格掌控。同时，可发放贷款的数量逐渐与存款数量挂钩，这就直接刺激了各级人民银行、改革后的商业银行对存款数量的追求。

另一个值得关注的背景是，在整个20世纪80年代，金融资源在总体上处于一种紧缺状态。各级银行并没有充足的资金用于发放贷款。经历了前几年的超速发展后，20世纪80年代中期开始，我国开始经历一轮通货膨胀时期。从1985年开始，中央银行开始严格控制贷款，这就进一步加剧了乡镇企业、私人企业贷款的难度。与此同时，国家将银行的基层机构获取存款当作一种政治动员运动，进一步加剧了银行与民间金融对资金来源的争夺。

表4-1综合了从1985年到1990年中国人民银行的年度金融

---

① 《中国金融年鉴1986》，中国金融年鉴杂志社出版公司1986年版，第Ⅲ-5页。
② 同上。

方针。

表 4 - 1　　　　1985—1990 年中国人民银行年度基本金融方针

年份	方针内容
1985	严格控制信贷规模和货币发行、紧缩银根
1986	既要加强金融宏观控制，又要注意改善金融宏观控制，真正落实区别对待政策，避免一刀切
1987	控制货币信贷总规模，注意结构性调节，加强对银行非银行机构管理
1988	加强信贷管理，严格控制信贷规模，积极吸收存款，加强现金管理，实行区别对待的信贷政策
1989	调整信贷结构，强化信贷管理，清理整顿金融秩序
1990	继续控制贷款规模和货币投放，调整贷款结构

数据来源：综合整理自《中国金融年鉴 1986—1991》

在这一制度背景下，民间金融的出现，对整个金融系统造成了两个方面的影响。首先，民间金融有力地补充了当时正式银行的贷款功能。在资金紧张的情况下，国有银行的资源更进一步投向国有企业，其他类型的企业不得不采用体制外的融资方式。但是，更加引发国家重视的是另外一点：民间金融扰乱了国家正常的金融秩序。民间金融对正式金融系统的挑战，一方面在象征层面：新的体制外的金融因素，无疑是对原有的集中金融资源支配模式的挑战，这意味着计划经济下，官方银行及其背后权力的权威性受到了威胁，尽管这种威胁，连同非公有制经济的飞速发展，构成了改革开放初期的重要时代特征。更为重要且触及利益的层面在于，基层银行与民间金融的各种形式的活动处在共同争夺民间存款的竞争之中。来自温州的历史数据表明，20 世纪 80 年代民间金融兴盛的时期，当地银行的存款率随之下降。在金融资源稀缺的情况下，一旦失去了对民众金融资源的控制，国家就无法顺利实现国家意志，完成经济建设计划。

在此种情况下，面对各种不同类型的民间金融活动，国家的行动目标选择也面临着一个理论上的困境。完全压制民间金融，将无法为体制外的新经济成分提供充足的信贷资源；放任民间金融，将危害到国家对当时极度稀缺的金融资源的提取、分配和掌控。但是，在实际的历史发展过程中，20世纪80年代的中央政府，更多地采取了压制的方法。尤其是针对威胁到银行存款的民间金融活动，国家及国家金融意志的执行者——中国人民银行开始了一系列的整顿清理运动。

（二）法律合法性的第一次界定

对于尚未组织化的简单民间借贷关系，国家权力较难直接干预，无论是在中国古代的历史上，还是新中国成立以后的实践中，我们很难发现政府对简单借贷关系方式、利率等的直接强制性规定，正式的民法体系也保护借贷双方达成的契约。但是，改革开放之后，一旦简单民间借贷上升到组织层面，国家力量很快就会介入其中。这种介入往往以行政命令的方式展开，以政策法规和法律条款的出台为标志。

1984年9月30日，中国第一家公开的私人钱庄——方兴钱庄，在温州成立。在没有合法的许可证，也没有收到强制关闭的命令的情况下，方兴钱庄运行了一年之后，于1985年11月7日收到中央人民银行的通知，正式被定义为非法[①]。1986年初，方兴钱庄被吊销营业执照。随后，钱庄在不受法律认可的状态下运行了五年。中国人民银行及地方政府对方兴钱庄的处理，完全体现了国家层面对私人金融萌芽的态度，具有标志性的意义。

首先，方兴钱庄的成立经过了镇政府的批准。根据周德文和吴比的记述，在方兴钱庄成立之前，苍南县钱库镇的领导和钱庄创办者方培林进行协商，表达了镇里的意见：

> 为改革经济体制，适应商品生产的迅速发展，狠刹社会高利贷活动歪风，经镇委研究，同意方培林同志试办方兴钱庄。[②]

---

① 周德文、吴比：《温州样本——温州民营经济三十年》（上卷），鹭江出版社2009年版。

② 同上书，第114页。

紧接着，钱庄的成立遭到了当地银行的强烈反对。根据记载，在钱庄成立的第二天，

> 市农业银行上门抗议，方培林不得不摘下招牌，转入地下①。

1984年12月12日至25日，温州市人民银行对方兴钱庄进行了调查，在调查报告中给出了他们的结论：

> 从实际上看，钱庄在经营作风、服务方式、服务态度上跟当前银行和信用社相比都有其独特之处……不过，必须持慎重态度，要加强管理：一要经过批准，发执照；二要有一定的自有资金；三要有一套账册；四要接受人民银行管理；五要上缴保证金；六要照章纳税；七要框定业务范围；八要确定利率杠子，人行对钱庄资金不担风险。②

而1985年11月6日，来自中央层面的批示直接宣告中国私人钱庄的非法地位：

> 中国人民银行温州分行：11月6日电悉，经与国家体改委研究，答复如下：对于私人钱庄，请按国务院银行管理暂行条例规定办，不能发给《经营金融业务许可证》。（中国人民银行关于方兴钱庄的回复）③

在对方兴钱庄的处理过程中，地方政府、地方银行和中央机构第

---

① 周德文、吴比：《温州样本——温州民营经济三十年》（上卷），鹭江出版社2009年版，第114页。
② 中国人民银行温州市支行调查报告1984年，转引自《法制日报》2011年10月14日。
③ 转引自王曙光《地方政府行为与民间金融发展：基于温州方兴钱庄的微观史学考察》，载于王曙光《金融发展理论》，中国发展出版社2010年版。

一次直接表明了各自对待民间金融的态度，对 20 世纪 80 年代的其他民间金融事件的处理具有直接的示范作用。而在 1986 年，针对方兴钱庄，以及类似的各种所有制形式的新兴非银行金融机构，国家从法律层面划定了合法性的界限。

1986 年 1 月 7 日，国务院正式发布了《中华人民共和国银行管理暂行条例》。在这一条例中，民间金融市场上的国家行动者，第一次从政策法规的层面划定了合法金融和非法金融的界限。至此，民间自发形成的金融组织，诸如方兴钱庄，在政策和法律层面上，被赋予了非法运营的符号，被系统地隔离在正式体制之外。

在 1986 年版的条例中，国家首先认定了从事金融活动的组织和机构。在总则的第四条中明确注明："禁止非金融机构经营金融业务。"这就从法规上限定了企业和其他各种组织从事金融活动的资格，这也意味着民间兴起的乡镇企业、私营企业，并不能私自从事金融活动获取资金。而在条例的第二章、第三章和第四章，国务院直接界定了中央银行、专业银行和其他金融机构的概念、职责，这些机构构成了当时合法的金融体系。根据规定，专业银行和其他金融机构的设立，应经过中国人民银行的批准。

在第四章第二十八条中，条例专门禁止了非官方金融机构的设立："地方各级人民政府不得设立地方银行。个人不得设立银行或其他金融机构，不得经营金融业务。"在这一规定中，"地方""个人"以及这一话语的隐藏言说者"国家"，在经营金融业务的事件上构成了一个微妙的关系结构。国家完全掌控金融业务开办的权力，垄断对金融资源的控制，形成了对"地方"政府的"禁忌"。然而，国家的权力在运行中，却依赖"地方"的实际行动力。而对个人经营金融业务的限制，则是完全针对产权的限制。这就使得当时的正式金融与非正式的区别，并不同于西方社会的区别，因为这一限制也就意味着，无论个人开办的金融业务在组织化程度上有多高，私有制的产权属性决定了其非法地位。

尽管 1986 年的条例并未上升到法律的层面，但是它仍然体现了明确的国家意志，具有理论上的强大行政约束能力。通过这样的政策法规的颁布，国家限定了私有产权开办金融机构，从事金融活动的可能，同时，也限定了当时乡镇、城市兴起的集体产权金融合作社的金融业务，严防其在利率、资金去向等方面摆脱国家经济计划。1986年的《中华人民共和国银行管理暂行条例》，以及1987年颁布的《企业债券管理方法》《中国人民银行关于储蓄利率的通知》等一系列政策的出台，意味着一个计划经济体系下非市场化的金融体系的完善。也正是通过这些国家层面的制度的颁布，国家完成了对民间金融市场最初的合法性界定——政治经济学层面的排斥。

图4-1概括了1986年，国家行动者针对民间金融在政策法规层面上的行动。

中华人民共和国银行管理暂行条例
- 对合法金融机构的界定
- 对地方政府兴办金融的禁止
- 对私有制金融机构的禁止
- 对集体所有制金融合作社限制
- 对企业经营金融活动限制

图4-1　对民间金融的政策遏制

资料来源：《中华人民共和国银行管理暂行条例》，《中国金融年鉴1987》

（三）整顿运动的高峰

从1988年起，严重的通货膨胀、价格改革等因素引发了新中国历史上罕见的"抢购风潮"，中国经济改革历程面临着严峻的挑战。从1988年上半年起，各地物价攀升，银行出现挤兑现象，在此种形势下，中共中央决定，停止价格改革，"从1988年第四季度起，在今后几年的时间内，把工作的重点放在治理经济环境、整顿经济秩序（简称治理整顿），为经济发展和改革创造良好的经济环境"[1]。这场

---

[1]　萧国亮、隋福民编著：《中华人民共和国经济史（1949—2010）》，北京大学出版社2011年版，第235页。

从 1988 年末开始的经济整顿治理运动，涉及国家经济体系的诸多方面，尽管并非针对民间金融活动，但是，当时国家银行系统面临的重大压力，使得在具体的金融整顿中，民间金融组织受到严厉的打击。

在这场历时数年的治理整顿运动中，触及民间金融的首要方面仍然是民间金融与国家银行对存款资源的争夺。1988 年开始的银行挤兑活动，使得国家银行系统面临着前所未有的压力。

> ……四月份以后，又出现了三次挤提储蓄存款的风波……①
> 武汉、南京、长沙的一些储蓄所不得不暂停取款，由于储户争相取款，几天内便使银库近乎告罄。据说，长沙市曾有一位女工去存款，竟被人当做疯子而围观追逐了好一阵子。②

此种情形下，任何有可能威胁到国家银行系统的非正式金融活动，自然就成为整顿的对象。在 1988 年，与民间金融相关的第一项治理整顿措施，就是国家将基层银行的"抓存款"业务赋予政治上的意义。而对存款的掌控，可以使民间资金的流向更加集中于国家银行系统，留给民间各种非银行机构的吸储空间被进一步压缩。

> 下半年连续召开了 3 次分行长会议，进一步分析经济、金融形势，提出控制措施。国务院十分重视金融工作，多次听取金融工作汇报。从 9 月 10 日起对三年以上定期储蓄进行保值，各地银行抓住时机，大力宣传，广泛开展储蓄优质服务的竞赛活动。③

"抓存款"仅仅是与民间金融有关的第一项活动，与此同时，国

---

① 《中国金融年鉴 1989》，中国金融年鉴杂志社出版公司 1989 年版，第 182 页。
② 萧国亮、隋福民编著：《中华人民共和国经济史（1949—2010）》，北京大学出版社 2011 年版，第 234 页。
③ 刘鸿儒：《一九八八年的金融形势和金融工作》，转引自《中国金融年鉴 1989》，中国金融年鉴杂志社出版公司 1989 年版，第 182 页。

家也开始了对一切非银行机构进行清理整顿的工作，主要矛头指向了当时比较盛行的信托公司等官方许可的非银行机构。这一举措一方面抑制了信托公司的发展，同时，也杜绝了信托公司从事市场化借贷业务的可能。"从1988年10月1日开始，全国各类信托投资机构，一律停止发放信托贷款或投资，一律停止拆出资金……在清理整顿期间一律不再成立信托投资公司和其它非银行金融机构"①。

不仅仅是信托公司，其他各种非银行金融性公司都被整顿，任何被认定为危害金融秩序的机构都在整顿运动中受到了牵连。根据中国金融年鉴的记载，"1989年，各家银行按照党中央、国务院的部署，积极稳妥地对金融性公司进行了清理整顿。人民银行所办的融资公司、证券公司、评信公司全部撤销。金融系统所办的非金融公司撤销了302个。同时还清理整顿了各类基金会"②。这一整顿，也就杜绝了各种非公有制的、具有地方背景的金融公司发展壮大的可能，最终被逐渐清扫。以往试图借助集体所有制金融机构名义的各种合作社、基金会，具有地方政府背景的投资公司，都在这次整顿中受到影响。

而地方各级银行在整顿中，也发挥了重要的作用。根据四川省的记载："在1989年的整顿运动中，四川全省官方统计出全省共有各类金融性公司56家，其中经中国人民银行批准的52家……提出了撤并留的初步方案，并首批撤销了几个公司，撤并和调整了3个城市信用社。"③天津市则颁布了《专业银行设置分支机构的若干规定》《天津市〈城市信用社管理规定〉实施细则》，清理整顿金融机构，"撤销了天津融资公司，整顿了非银行金融机构的经营范围……此外，还对37家基金会和擅自经营保险业务的机构进行了清理"④。

---

① 刘鸿儒：《一九八八年的金融形势和金融工作》，转引自《中国金融年鉴1989》，中国金融年鉴杂志社出版公司1989年版，第182页。

② 《中国金融年鉴1990》，中国金融年鉴杂志社出版公司1990年版，第202页。

③ 同上书，第309页。

④ 同上书，第332页。

河北省在整顿运动中"撤销了 7 家融资公司、3 家信托投资公司以及 63 个代办处，通过对农村信用社整顿验收，撤销了 14 家城市信用社及分支机构"①。

除此之外，20 世纪 80 年代末期兴起的社会集资行为也引发了金融监管部门的关注。在 1992 年，各地的企事业单位，乃至地方政府都曾有过涉及社会集资的行为。

对非银行机构的一系列限制和整顿，大大削弱了国有银行面临的外部竞争压力。在 20 世纪 80 年代，完全私有的民间金融公司尚未成为主流，除了民间家庭间的借贷活动外，主要的组织化的民间金融活动集中在各种类型的民间金融合作社和基金会上。众多地方政府支持的城市信用社、属于村民集体产权的农村信用社，尽管大多数经过了中国人民银行的批准，但是在实际功能上，与 20 世纪 90 年代以后，乃至 21 世纪初期地下私有金融公司所扮演的角色十分类似。但是，在 1988 年开始的金融整顿运动之后，国家重新将这部分集体产权性质的民间金融资源整合到银行系统之中，一方面加强对与民间金融有着千丝万缕联系的各种合作社和基金会的监管，另一方面逐渐取缔一批合作社、信用社、投资公司，从而加强了官方对整个金融系统的控制能力。

二 20 世纪 90 年代：更加直接的整顿

从 1988 年开始的清理整顿运动一直延续到 20 世纪 90 年代初期，随着 1992 年市场经济改革的全面展开，国家金融系统也处在市场化的变革之中。这一时期，国家对民间金融活动的禁止和取缔活动更加明显化。有国内经济法学者将其称为"严格管理甚至取缔时期"②。这一时期，国家对组织化的民间金融活动的认知和定义又产生了新的

---

① 《中国金融年鉴 1990》，中国金融年鉴杂志社出版公司 1990 年版，第 333 页。
② 陈蓉：《"三农"可持续发展的融资拓展：民间金融的法制化与监管框架的构建》，法律出版社 2010 年版，第 181 页。

变化。

在 20 世纪 90 年代中期，原有的四大银行正式改革为商业银行，产权性质也由完全国有产权逐渐转变为国有股占主体地位的股份制产权。与此同时，原有的城市合作社逐渐转变为城市商业银行，国外资本等非国有资本也逐渐引入银行系统，一个趋于市场化的银行系统正在建立之中①。

但是，在整个中国金融系统，尤其是银行系统市场化的演进路径中，民间金融本可能扮演的市场参与者角色，基本上被隔离在市场化进程之外。按照转型社会学的观点，产权的界定和一个竞争性市场的建立是经济转型的重要方面。如果以产权的明晰化和市场的竞争化作为两个基本观察点，去审视中国银行改革的历程的话，我们不难发现，整个银行业的竞争仍然建立在国有产权的银行之间。按照 Guseva 的说法，中国的银行系统仍然是国家队之间的竞争②。代表着非官方、非国有产权的民间金融机构，无论在形式上达到了何种正规化的程度，仍然未被纳入银行系统竞争之内。

相反，民间金融在这一转型阶段，逐渐被国家定义为危及社会稳定和金融安全的违法活动。尤其在 1998 年的亚洲经济危机以后，国家加强了对金融系统的监管力度，以避免卷入金融危机之中。在合法金融系统之外的各种民间金融，尤其是面向民众的集资活动，被视为可能引发金融风险和社会风险的事物。随着更多直接针对民间金融的法律法规和政策的出台，民间金融的性质再一次被政治权力建构。

（一）更直接的武器——针对性的政策和法规

如果说 20 世纪 80 年代的金融法规，通过划分出合法的金融系统的界限，区分出官方—非官方，合法—非法，可以被称为间接的法律武器，那么 20 世纪 90 年代的国家金融法规，则是直接将矛头指向

---

① Guseva, K., *Into The Red*, California: Stanford University Press, 2008.

② Ibid.

"非法"金融，为打击非法民间金融提供了有力的武器。

在20世纪90年代中期，作为新的金融系统市场改革和法制建设的一部分，《中华人民共和国银行法》《商业银行法》《公司法》《关于惩治破坏金融秩序犯罪的决定》等政策法规陆续出台，延续着国家对体制内金融系统合法性的界定和建构。其中《公司法》和《关于惩治破坏金融秩序犯罪的决定》均严格界定了企业非法从民间吸收资金所应承担的法律责任。在1995年的《公司法》中，对公司以私自发行股票、债券形式募集资金的做法进行了处罚，而在同年的《关于惩治破坏金融秩序犯罪的决定》中，直接指向了"非法吸收公众存款"和"变相非法吸收公众存款"的罪名。①

> 未经公司法规定的有关主管部门批准，擅自发行股票、公司债券，数额巨大、后果严重或者有其他严重情节的，处5年以下有期徒刑或者拘役，可以并处非法募集资金金额5%以下罚金。②
>
> 非法吸收公众存款或者变相吸收公众存款，扰乱金融秩序的，处3年以下有期徒刑或者拘役，并处或者单处2万元以上20万元以下罚金，数额巨大或者有其他严重情节的，处3年以上10年以下有期徒刑，并处5万元以上50万元以下罚金。
>
> 以非法占有为目的，使用诈骗方法非法集资的，处3年以下有期徒刑或者拘役，并处2万元以上20万元以下罚金，数额巨大或者有其他严重情节的，处3年以上10年以下有期徒刑，并处5万元以上50万元以下罚金；数额特别巨大或者有其他特别严重情节的，处10年以上有期徒刑、无期徒刑或者死刑，并处没收财产。③

① 《中国金融年鉴1996》，中国金融年鉴杂志社出版公司1996年版，第317页。
② 1995年2月28日第八届全国人民代表大会常务委员会第十二次会议通过《关于惩治违反公司法的犯罪的决定》。
③ 1995年6月30日第八届全国人民代表大会常务委员会第十四次会议通过《关于惩治破坏金融秩序犯罪的决定》。

除此之外，在 1995 年的城市合作社改革中，《人民日报》释放出明显的政治信号："中国不允许私人银行"。早期兴起的城市合作社，大多数由市民自发形成，与组织化的民间金融十分类似，但是在产权上属于集体所有，并且接受中国人民银行监管。尽管如此，城市合作社仍然被纳入改革的进程之中。

> 经国务院批准，从今年起我国开始组建城市合作银行……中国人民银行发言人今天就这一问题在接受记者采访时强调，目前我国正在组建的城市合作银行，其性质是为城市经济发展服务的股份制商业银行，而不是私人性质的银行，也不允许私人性质的银行……
>
> 之所以在城市合作社的基础上组建城市合作银行，是考虑到原有城市信用合作社的性质发生了变化。有的经过多年发展，已失去合作性质，成为小商业银行……这种名为合作金融，实为商业银行的金融机构，规模小、风险大、经营不规范，隐藏着很大的经营风险……①

在官方态度逐渐明晰后，针对组织化民间金融的标志性法规正式出台，这就是 1998 年的《非法金融机构和非法金融业务活动取缔办法》。② 这一政策以国务院第 247 号令的方式公布，其通过时间恰好在 1998 年亚洲金融风暴后不久。这一法规包含着三个方面的内容：首先，再次界定了非法金融机构和金融活动的含义；其次，明确了对非法金融机构和活动的取缔程序、债权清理措施、惩罚措施；最后，在附则里，这一法规还规定了该办法出台前各种基金会、合作会、投资公司等地位模糊的金融机构，必须接受清理整顿，停止非法金融业务。

---

① 《中国不允许私人银行》，《人民日报》1995 年 7 月 6 日，转引自《中国金融年鉴1996》。

② 《中国金融年鉴1999》，中国金融年鉴杂志社出版公司 1999 年版，第 67 页。

针对国务院颁布的这一法规，中国人民银行在关于法制建设方面的年度总结中，也解释了这一法规颁布和推行的必要迫切性，指出当时盛行的"非法吸收公众存款或者变相吸收公众存款"，"未经依法批准，以任何名义向社会不特定的对象进行非法集资；非法发放贷款、办理结算、票据贴现……"等非法金融活动，"涉及资金数额大、涉及面广、欺骗性强"，具有"极大的社会危害性，必须予以严厉打击"[1]。

表4-2概括出了《非法金融机构和非法金融业务活动取缔办法》的主要内容。

表4-2　　对《非法金融机构和非法金融业务活动取缔办法》的概括

章目	条数	主要内容
第一章	1—8	出台目的、非法金融定义
第二章	9—15	取缔的程序
第三章	16—21	债权债务清理清退
第四章	22—27	针对非法金融组织者、参与者和地方管理者的惩罚措施
第五章	附则	对法规出台前的民间金融组织的特别说明
补充通知		宣布法规出台前的民间金融组织，曾经符合地方政府规定的，将另行处理

表4-3是20世纪90年代以来国家陆续出台的与民间金融有关的法律、政策（综合整理自陈蓉[2]，来自《中国金融年鉴1996—2002》）。

表4-3　　20世纪90年代以来国家出台的民间金融法律汇总

发布时间	名称	主要内容
1996年	《商业银行法》	提出非法吸收公众存款的概念，确立了行政取缔与刑事惩罚的基本模式

---

① 《中国金融年鉴1999》，中国金融年鉴杂志社出版公司1999年版，第68页。
② 陈蓉：《"三农"可持续发展的融资拓展：民间金融的法制化与监管框架的构建》，法律出版社2010年版。

发布时间	名称	主要内容
1996 年	《关于惩治破坏金融秩序犯罪的决定》	明确了对非法吸收公众存款罪的惩罚措施，提出了集资诈骗罪
1997 年	《刑法》	增设破坏金融管理秩序罪
1998 年	《非法金融机构和非法金融业务活动取缔办法》国务院令第 247 号	对非法金融机构和业务进一步定义，提出取缔非法金融机构和业务的具体办法
1998 年	《整顿乱集资乱批设金融机构和乱办金融业务实施方案》	界定了"三乱"的概念，提出整治"三乱"的具体细则和时间表。同时将治理方向引向地方政府，限定其乱批金融机构的行为
1998 年	《关于取缔非法金融机构和非法金融业务活动有关问题的答复》	进一步区分了两种措施：政府在国务院 247 号令之前批准的金融机构，涉及民间金融的予以整顿；未经批准的金融机构和业务，予以取缔
1999 年	《关于取缔非法金融机构和非法金融业务活动中有关问题的通知》	重新明确非法集资的概念： （a）未经有关部门依法批准，包括没有批准权限的部门批准的集资以及有审批权限的问题超越权限批准的集资； （b）承诺在一定期限内给出资人还本付息。还本付息的形式除以货币形式为主外，还包括以实物形式或其他形式； （c）向社会不特定对象即社会公众筹集资金； （d）以合法形式掩盖其非法集资的性质 进一步对国务院 247 号令解释
2000 年	《全国法院审理金融犯罪工作座谈会纪要》	法院系统界定破坏金融秩序罪、非法集资罪等金融犯罪，提出不同涉案金额的量刑尺度
2001 年	《关于经济犯罪案件追诉标准的规定》	明确最高人民检察院和公安部的追诉标准
2002 年	《关于取缔地下钱庄以及打击高利贷行为的通知》	取缔地下钱庄；界定非法集资和高利贷；提出各级银行的具体任务

（二）非法地位确立后的打击

随着国家立法部门、行政部门和金融监管部门相关法律、政策的出台，民间金融的法律和政治层面上的非法地位逐渐明晰化。当然，并非所有民间的金融活动都是违法的，但是，组织化的、经营性的非官方金融活动基本上属于违法范畴。在确立完法律地位和惩罚措施后，国家层面的法律武器最终需要落实到实践。而在 20 世纪 90 年代末期，各地金融监管机构和地方政府在打击"非法"金融活动上的确展开了行动。

1997 年，中国人民银行的稽查系统首先对各地金融信托公司、合作社等进行了稽查。之所以率先对这些官方历史上认可的非银行金融机构进行清理和整治，是因为金融信托公司和一些农村、城市合作社虽然被纳入了正式金融的范畴，但是在实践中，往往超出法定的经营范围，从事一些民间金融活动。可以认为，这类集体产权或者地方政府产权的金融公司，是介于纯粹非官方金融与国有金融的中间状态。1997 年被中国人民银行认定为金融风险防范年，"切实防范和化解金融风险是全年金融工作的重点……彻底取缔非法设立的金融机构，制止非法金融活动……基本完成银行与信托、证券公司分业经营，信托投资公司总数降低到 244 家"[1]。相关机构对部分信托投资公司进行稽查，发现这些公司存在着资本金不足、超范围吸收存款及办理假委托贷款等问题；对 7169 家农村信用社进行核查，发现其中部分信用社存在着违规办理存款和业务、超范围经营等问题；对 969 家地方基金会进行核查，查明这些基金会普遍存在地方政府负责人兼任基金会领导的情况，同时存在着违规设立分支机构、超范围经营、注册资金不实等问题[2]。

同时，各个地方也对涉及民间金融的活动进行了取缔和治理，历史资料表明，民间金融的整治活动波及全国范围。1997 年，河北省对省内较为盛行的民间金融活动开展了整治。根据记载，这次整治活动历时 3 个月，由中国人民银行河北省分行发起，联合了河北省人大，取得了一定的效果。

中国人民银行河北省分行先后查处、取缔 2 家非法设立的典

---

① 《中国金融年鉴 1998》，中国金融年鉴杂志社出版公司 1998 年版，第 23 页。
② 同上书，第 42 页。

当行和 1 家保险代表机构，查处 49 家非金融机构非法从事金融业务的行为，其中非金融性公司 14 家，各种名目的基金会 35 家。对非法金融机构"山海关宝通国际投资银行"进行了查处。从 4 月份开始，历时 3 个月，与河北省人大常委会联合在全省开展了金融"三法"执法大检查。①

同年，山西省也对被定义为非法的民间金融活动进行了打击和取缔。打击的对象主要是私人钱庄和未经许可办理金融期货业务的公司。

人民银行稽核各类金融机构 1179 家，稽核面达 24%，严厉打击非法金融机构和非法金融活动。对河津市非法私人钱庄严厉打击和坚决取缔；取缔了太原市广安被保险人服务有限公司；及时制止阳泉太行国际信息有限公司等 6 家公司非法办理金融期货业务等，维护了金融业的合法、稳健运行。②

根据官方资料，吉林、福建、江苏、浙江等地也在这一时期陆续取缔、查处一批非法集资、私人经营钱庄的典型案例。

三　21 世纪：从取缔到部分合法

进入 2000 年后，国家的经济基本层面与 20 世纪 80 年代相比发生了显著改变。与民间金融的合法性地位密切相关的，主要集中在两个方面。一方面，随着国家主导的金融体系市场化进程，金融资源的获取途径也愈发多样化。20 世纪 90 年代中期以后，国家退出了对商业银行贷款的直接控制，"抓存款"也经历了一个去政治化的过程，

---

① 《中国金融年鉴 1998》，中国金融年鉴杂志社出版公司 1998 年版，第 169 页。
② 同上书，第 170 页。

不再成为一项直接的政治任务。伴随着证券市场的发展和改革，国有企业获取金融资源的渠道也日益多元化，银行、股票市场、企业债券等常见的市场经济融资方式都逐渐常态化。另一方面，随着市场经济的持续发展，国民收入的连续提高，市场上的货币供应量加大，市民阶层的投资需求也日趋显现。相比之下，20世纪80年代末与90年代初期的民间金融活动，除了适应当时的乡镇企业与私营企业的发展需求外，还部分地出于乡村或城市居民的生活资金需要①，而2010年后突显的民间金融现象中，针对生活需求的民间金融活动减少，包含居民个人投资意味的民间金融活动逐渐升温。

当一个日趋市场化的金融银行系统逐渐发展之后，在原本国家政治指令发挥作用之处，市场机制开始发挥替代作用。但是，整个金融系统的掌控者仍然没有发生根本性的改变。在这一时期，国家针对民间金融的策略在延续历史的同时隐含着变化。

（一）既有框架内的改变

国家对民间金融的政策转变从农村金融领域开始。根据一些学者的观点，2005年的中国人民银行和银监会在农村金融领域推行的小额贷款公司和资金合作社，应该被视为我国政府首次承认的民间金融形式②。民间金融在这一期间，被作为解决"三农"问题的重要措施加以考虑，主要是为了解决农村中出现的发展落后、资金短缺的问题。小额贷款公司的试点率先在陕西、四川、贵州、内蒙古、山西这五个"三农"问题相对突出的省份展开，发放贷款的业务对象也仅仅是当地农村居民和组织。

2008年，中国人民银行、银监会颁布《关于小额贷款公司试点的指导意见》，规定有限责任公司注册资本大于500万元人民币，股

---

① Tsai, K. , *Back-Alley Banking*：*Private Entrepreneurs in China*，Ithaca：Cornell University Press，2002.

② 陈蓉：《"三农"可持续发展的融资拓展：民间金融的法制化与监管框架的构建》，法律出版社2010年版，第187页。

份有限公司注册资本大于 1000 万元人民币的小额贷款公司，可以从事发放贷款业务。但是，对贷款的发放对象、利率、公司的资金来源和数量等有着严格的限制。一般而言，不超过同期银行利率的 4 倍。天津市规定小额贷款公司的利率上限不得超过银行同期利率的 2 倍，下限不得低于 0.9 倍。值得注意的一点是，小额贷款公司必须遵守"只贷不存"的原则，即可以发放贷款，但是无权从公众手里吸取存款。这一规定一方面延续了国家对非法吸储罪、集资诈骗罪的认定，避免一般社会成员大面积地卷入集资活动，一方面从政策层面杜绝了小额贷款公司与银行对居民存款的争夺。

与此同时，在 20 世纪 90 年代或被撤销取缔，或被并入农村信用社的资金互助会又重新出现在官方的政策话语系统中。2007 年，银监会出台《农村资金互助社管理暂行规定》，对乡村地区的合作金融进行了相关制度设计，这也意味着"这一模式最终获得政府认可并且开始受到法律的保护"①。

> 第二条　农村资金互助社是指经银行业监督管理机构批准，由乡（镇）、行政村农民和农村小企业自愿入股组成，为社员提供存款、贷款、结算等业务的社区互助性银行业金融机构。
>
> 第三条　农村资金互助社实行社员民主管理，以服务社员为宗旨，谋求社员共同利益。②

但是，国家仍为这种模式设定了限制。国家将农村资金互助社的经营范围限制在农村地区，同时对农村地区的含义进行了严格界定，专门指代非沿海地区的县级以下区域，以及沿海地区的国家级贫困县。在小额信贷公司的试点阶段，也是将其限制在相对贫困的地区。

---

① 陈蓉：《"三农"可持续发展的融资拓展：民间金融的法制化与监管框架的构建》，法律出版社 2010 年版，第 194 页。
② 中国银行业监督管理委员会关于印发《农村资金互助社管理暂行规定》的通知，银监发〔2007〕7 号。

这充分表明了国家将民间金融视为解决贫困地区金融问题的一项重要手段，而非开放民间资金进入金融市场的许可。也表明，在民间金融的合法性问题上，不同地理位置、不同经济发展程度的区域，相同的民间金融活动被国家界定为不同的法律合法性状态。

在金融担保领域，随着 2010 年中国银监会、发改委等部门联合制定的《融资性担保公司管理暂行办法》的颁布，各地的融资性担保公司数量也逐渐提高。河南省在 2010 年后进入了融资性担保公司发展的高峰。早期的担保公司，在产权上往往是公有制或者集体所有制，国家相关法规的出台，实际上是对非官方的担保公司的认可和约束，肯定了这一类私营金融公司的合法地位。另一方面，国家也限定了担保公司经营的范围：不得从事吸收存款、发放贷款等民间借贷活动，只能作为第三方中介，承担担保业务。但是，在实践中，担保公司恰恰是一些民间金融行为的合法性外衣，以担保公司为名从事民间金融活动的情况并不罕见，我们在第三章中提到的 S 公司，就是一家以担保公司为名从事民间借贷的公司，而类似的案例还有很多。从而，国家对民营金融担保公司开放，却未能完全将其限定在法定经营范围内。在结果上，导致了部分民间金融担保公司从事"违法"的集资、放贷等金融行为，在客观上也为民间金融公司的发展提供了机会。

总体来看，在这一时期，国家对民间金融的管制有所松动。也许出于一定的政治考量，例如，调动落后地区的农村金融资源，解决中小企业贷款困境等，国家开始有条件地开放部分区域的部分种类的民间金融组织，允许私有产权或者集体产权性质的民间金融从事金融业务。但是，这一过程并未突破 20 世纪 90 年代中期以来制定的限制民间金融的合法性框架。具体表现在几个关键点上：第一，不得面向一般公众筹款。无论是小额信贷公司，还是农村互助基金会，其资金来源都被严格地控制。这些民间金融组织并没有权利向一般民众筹集资金。一旦越过这一界限，就被视为非法集资。第二，放贷利率非市场化。各种民间借贷的利率并不能由契约双方自由设定，而必须在国家规定的利率范围之内。完全自由的借贷利率，被视为非法的利率，将不受法律保护。第三，民间金融的本地化。这一时期，国家开放的民间金融机构都是集中在相对落后的农村区域，解决落后地区的融资困难问题。这种经营在最初不得在城市中开展，也不能跨越行政区域开展，不能开设分支机构。任何试图超出范围的经营都被视为非法经营。

（二）金融试验区和政策变革

2009 年的吴英案及 2010 年以后的民间金融跑路风波，引起了巨大的社会舆论关注，中央政府和地方政府也及时地介入到民间金融的治理之中。经历了 20 世纪 90 年代以来的法律体系的建设，政府已经成功地打造出一个理论上的法律标准，来区分民间金融中的合法部分和非法部分，尽管这一标准在实践中较难执行[①]，但是，在处理民间借贷的案件时，原有的政策、法律标准仍然在发挥作用。吴英在终审中并没有获得无罪的判决，也表明了最高人民法院对现有民间金融的法律系统，并没有给予突破性的解释。

但是，从 2012 年开始，国家决定以设立金融试验区的形式，来逐步推进民间金融在法律意义上的合法化。2012 年 3 月 28 日，国务院总理温家宝主持召开国务院常务会议，决定设立温州金融综合改革试验区，批准实施 12 项任务的"浙江省温州市金融综合改革试验区总体方案"。温州正式开始民间金融的新改革，部分民间金融活动的合法化成为改革的重要内容。"改革任务的第一项首次承认了民间金融的合法地位。"[②] 此外，改革的内容还包含民间金融的具体经营范围和监管措施。例如，在中国人民银行、国家发展改革委、财政部、人力资源和社会保障部、商务部、中国银监会、中

---

① 陈蓉：《"三农"可持续发展的融资拓展：民间金融的法制化与监管框架的构建》，法律出版社 2010 年版。

② 广州民间金融研究院、中央财经大学金融学院课题组：《中国民间金融发展研究报告》，知识产权出版社 2013 年版，第 102 页。

国证监会、中国保监会、国家外汇管理局关于印发浙江省温州市金融综合改革试验区总体方案的通知中，第四条、第五条都对以往发展受到限制的民间金融组织给予支持和规范，使得这些组织从地下走向阳光。

　　（四）规范发展民间融资。坚持规范发展和适度创新相结合的原则，研究制定规范民间融资、打击非法金融活动的管理办法，形成疏堵结合的民间融资管理体系……

　　（五）加快发展新型金融组织。支持民间资金参与地方金融机构改革，鼓励民间资金根据有关规定发起设立或参股村镇银行、贷款公司、农村资金互助社等新型金融组织，引导民间资金流向小微企业和"三农"领域……①

同年，经过国家批准，地方政府在广州设立金融街，将民间金融集中在固定的经营场所，实行民间借贷的阳光化和公开化，集中管理民间金融机构，对外公布当期的民间借贷市场利率②，试图采用国家力量构建出理想的遵循规则的民间金融市场。此外，2012 年 12 月，在福建泉州，国家批准了第三个民间金融试验区。

四　本章小结：民间金融整顿中国家行动者的行动模式

在民间金融市场合法性变迁的行动者模型中，政府是决定市场活动法律合法性的重要行动者，同时，也是对民间金融活动进行取缔和

———————

　　①　中国人民银行、国家发展改革委、财政部、人力资源和社会保障部、商务部、中国银监会、中国证监会、中国保监会、国家外汇管理局关于印发浙江省温州市金融综合改革试验区总体方案的通知，2012 年 7 月 27 日，银发〔2012〕188 号。
　　②　广州民间金融研究院、中央财经大学金融学院课题组：《中国民间金融发展研究报告》，知识产权出版社 2013 年版。

压制的行动者。作为研究者，尽管我们无从知晓政府政策和法规制定的具体内部过程，不能直接获悉政府行动的真实目的，但是，我们仍然可以通过历史的痕迹，来理解和阐释国家在面对市场转变时，采用的具体行动策略和行动方式，以及公开声明的政策目标。具体到民间金融的合法性问题上，从 20 世纪 80 年代中期，国家确定了组织化民间金融的非法性地位。20 世纪 90 年代中期，随着正式金融体系的市场化改革的初步完成，规定出合法的政府主导型金融市场的边界，进而将体制外的金融活动划为非法，明确针对非法金融的整治措施。最终，在 21 世纪初期，又开始逐步开放民间金融市场，有限度承认部分民间金融的合法性。从总体变化趋势来看，法律界定和权力限定中的民间金融，法律合法性呈总体上升趋势。

在国家不同时期的整顿运动中，我们可以发现相似的整顿步骤（见图 4-2）。首先是中央层面的政策出台，然后发起全国性的政治动员，依靠地方政府和中国人民银行的地方部门，实行具体的整顿运动。在这一模式中，当处在与民间金融的组织者和参与者相对的层面时，地方政府成为国家的一部分，是国家意志的执行者。然而，国家行动者的方向和动机，却未必和地方政府一致。在面对某些违规金融活动时，地方政府必须扮演自我整顿的角色，或者接受上级的监督。

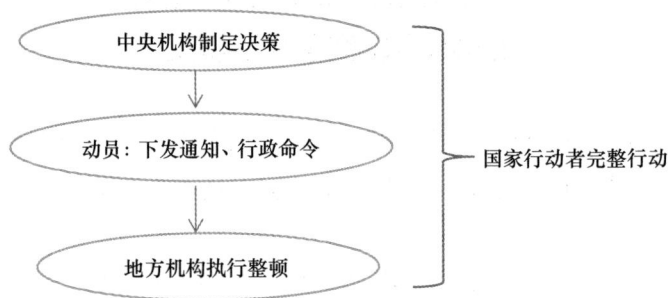

图 4-2　民间金融整顿的国家行动者：内部层级结构

从图 4-2 可以看出，在现有的政治体制下，每一次自上而下的金融整顿运动，都是一场权力由中央向地方扩展的过程。但是，这一模式的有效性，取决于国家行动者内部每一层面的有效性。首先是国家制定政策的合理性。其次是国家有效调动地方执行资源的能力。最后，还要依赖地方执行者执行国家意志的最终效果。

图 4-2 同样表明了国家行动者的意志存在着复杂化的可能性。如果中央机构与地方机构具有不同的行动动机，那么尽管二者存在着直接的权力制约关系，地方政府仍然有可能采用变通的手段，影响到最终的整顿结果。一般而言，我们把国家行动者的动机等同于中央权力核心的动机，在这一情况下，地方执行机构要同时平衡权力上的服从和地方利益上的考量。

从这一过程的变化性而言，仅从国家行动者的角度来看，在不同的历史时期，我们可以从各种文件法规的话语系统中发现，民间金融活动被赋予不同的意义：从计划经济时期威胁到存款的资源争夺活动，到 20 世纪 90 年代金融系统风险，到 21 世纪体制外风险与功效并存的活动。这也标志着国家行动者对民间金融认知框架的改变。在不同认知框架下，其具体的行动策略也发生了变化（见表4-4）。

表 4-4　　　　　　**对民间金融的政策定性和行动策略**

时期	民间金融的意义	行动策略
20 世纪 80 年代	与正式机构抢夺储蓄，扰乱金融秩序，影响国有经济发展	取缔　清理
20 世纪 90 年代	制造金融风险	取缔　清理
21 世纪	既肯定贡献，又认为其带来经济社会风险	渐进式合法设立试验区

历史的变迁从来都不是简单的政策变迁，主导中国改革进程的也未必是官方的意愿。尽管，民间金融在法律文本中的合法性变迁，可

以借由国家行动者的行动历程——呈现，但是民间金融市场的最终确立，并不是一个单方面的追随政策变迁的过程。在历次整顿运动之后，民间金融市场上的行动者随即做出反应，在金融压制的过程中并未完全消失，反而产生出消解宏观政策的力量。

第五章 民间金融行动者：压制下的回应和生存策略

国家行动者对民间金融从压制到默许的过程，也是民间金融的法律合法性被政治权力定义的过程。掌握着法律政策制定权的国家，塑造了民间金融的法律地位，并且在不同历史时期，采取了不同的压制策略。另一方面，从事民间金融活动的行动者并不是消极的政策接受者，相反，民间金融从业者的生存智慧，使得民间金融的形式不断创新，在政策和法律的夹缝中生存和变通，从而逼迫国家不断地调整原有的行动策略。考虑到民间金融活动的经营者和参与者并不具备与国家平等博弈的政治权力地位，因此，这种来自底层的回应不能被简单地还原为经济学中的"博弈"，而应该被视为一种"弱者的武器"，我们可以将其称为行动者面对外部制度约束和政治力量时的"非对称抗争"，一种在特定实践情境下的权宜策略。

一 整顿运动之后的再生现象

尽管历经整顿和压制，中国民间金融依然没有消亡。三次整顿运动之后，民间金融的生存状况也产生变化。在具体的实践中，民间金融并未被历次国家主导的金融整顿运动清除，而是在与政策和法律的较量中，不断地改变自身的实践形式，逐渐发展。

（一）20 世纪 80 年代的创新和变通：合会风潮/集资/地方信用社

在 20 世纪 80 年代初期，当国家关于民间金融的法律尚未完全确立时，各种民间金融组织发展迅速，尤其在乡村中表现明显。其原因在于：一方面，改革之初，国家鼓励乡村地区发展集体所有制经济；另一方面，乡土社会中的人际关系网络也有利于民间金融组织筹集资本，在借贷时获取信任[①]。

最初的民间金融组织植根于乡村中固有的集体经济结构，然后才逐渐形成股份制和私有性质。根据当时学者的调查研究，在全国很多地方的乡村，出现了资金合作社性质的组织。这类组织虽然有着不同的名称，但是实际组织形式和运行方式大同小异，即由村落中的劳动集体的成员联合创办，往往由村里的领导或者乡镇领导牵头，吸收集体成员的存款，同时发放贷款。在乡镇企业迅速发展以后，这种集体主义的资金合作社开始向乡镇企业放款。[②]

在资金合作社出现不久，国家就试图将其纳入国家金融体系之中。20 世纪 80 年代中期的关于农村合作社的一系列法规，规定了农村的金融合作组织必须经过国家金融部门的批准。于是，农村中出现了至少两种类型的集体产权的金融合作组织，即经过中国人民银行审批的乡村信用社和没有经过审批的乡村金融合作组织。后者显然是中国人民银行取缔和打击的对象。

但是，在具体的实践中，没有审批的乡村金融合作社并没有消亡，而是演变成多种名目和形式，例如，金融合作组、便民银行、合作基金会等，尽管违反了国家规定，但是仍然客观存在着。表 5－1 中归纳了 20 世纪 80 年代具有代表性的民间金融组织的变形。数据来自 1980 年到 1990 年中国知网所有关于民间金融的调查报告。

---

① Garmaise, M. and T. Moskowitz, "Informal Financial Networks: Theory and Evidence", *The Review of Financial Studies*, Vol. 16, 2003.

② Tsai, K., *Back-Alley Banking: Private Entrepreneurs in China*, Ithaca: Cornell University Press, 2002.

表 5 - 1　　　1980 年到 1990 年中国期刊网对民间金融的调查
报告中出现的具有代表性的民间金融组织①

名称	出现地点	经营方式
农村会计管理服务公司	湖北省汉川县	吸取村民存款，向乡镇企业发放贷款
农村金融股份有限公司	湖北省汉川县	吸取村民存款，向乡镇企业发放贷款
民间银行、便民银行	浙江温州、甘肃临夏	吸取存款，发放贷款
乡镇金融所	安徽滁县	吸取存款，发放贷款
农村合作基金会	广东韶关、湖北钟祥	吸收存款、投资、集体公积金、生产队入股，发放贷款
村办信用小组	湖北钟祥	村领导将本村农户超支和欠款作为资金来源
扶贫互助储金会	湖北钟祥	以村为单位联会，吸收存款，借款对象仅限会员，收取手续费和利息
合会、抬会	浙江温州	以家庭为单位，轮流出资，借款对象仅限会员
农村金融服务部	河北河间	农民入股、存款，发放贷款

　　众多民间金融组织出现在银行管理条例等政策法规之前，但是在这些法规出台以后，这些民间金融组织并未消失。一些通过中国人民银行审批的金融组织，在实际的运作中，也暗自扩大了原有的经营范围，在经营方式上与其他民间金融组织并无本质上的差别。

　　值得注意的是，相对于组织化程度较高的民间金融机构，浙江等地区在 20 世纪 80 年代盛行的合会组织更加隐蔽化、非正式化。这种组织没有在工商部门注册，并不是作为一个有形的组织，而是散布在家庭中间。这种形式的民间金融活动，相对于具有实体组织的民间金融机构，更加具有隐蔽性。在 20 世纪 80 年代中后期，浙江地区的很多民间金融从业者卷入更加灵活、隐蔽的合会活动中。而当民间金融被定义为非法后，浙江温州地区先后出现了三次合会风潮，每次间隔

---

　　①　综合整理自中国知网，关键词"民间金融"，时间"1980—1990"，网址 http：// epub. cnki. net/kns/brief/result. aspx? dbPrefix = CJFQ。

一年左右。这就充分说明民间金融的法律和政策的非法地位，并没有直接阻止民间金融的盛行。

> 1984 年，乐清县柳市黄华镇会主南碎倩经营不善，造成资金周转失灵，会款支付困难，从而引发了倒会风潮。卷入这场风潮的群众 367 户，金额 110 万元……①
>
> 1985 年冬至 1986 年春，一场更为巨大的民间金融风潮席卷了温州的六市一县，涉及台州、丽水等地区，金额达 2 亿元。
>
> 1988 年，一场以"平会"倒会，"银背"破产为导火索的民间金融风潮又骤然而起，再度冲击民间金融市场……仅柳市、白象、翁垟、乐成四大集镇倒闭、破产在 100 万元以上的"平会"和"银背"就达 33 个，金额在 6000 万元以上；而 100 万元以下的更是不计其数，涉及资金在 1 亿元以上。②

在 20 世纪 80 年代学者关于合会的研究中，我们可以发现，在国家明令禁止民间金融之后的 1985 年、1988 年，温州地区的民间合会组织数量仍然十分惊人，涉及金额巨大，卷入人数众多。而更令人思考的是，20 世纪 80 年代的温州"合会"风潮在首次出现后，根据当时的法律和政策环境，理应受到当地金融机构和政府的清理，但是根据这些记载，清理整顿的实际效果却是每隔一段时间，民间金融活动更加泛滥。

（二）20 世纪 90 年代：从民间金融中介到直接集资

20 世纪 80 年代末期到 90 年代初期，在国家的金融整顿治理风潮中，大量的不正规的非银行金融机构被取缔。对民间金融市场而言，原有的获得中国人民银行批准的乡村金融合作社、投资信托公司等金

---

① 王育华：《乐清县民间金融风潮的透视和思考》，《上海金融》1989 年第 2 期。
② 同上。

融机构，大都被清算整治，关闭或者合并，失去了违规从事民间金融业务的可能，另一部分原本处于半公开状态的民间金融机构，也不得不完全转入地下。但是，一个耐人寻味的现象是，在这一时期，最为盛行的民间金融形式，从地下金融组织转变为企业的直接集资。

在这一时期，不少企业和单位，乃至政府都开始面向公众进行集资活动。原有的民间金融机构，在融资过程中充当了中介的作用。当民间金融机构受到清理整顿之后，兴起的集资活动则可以简化融资的中间环节，不需要依赖金融机构，直接获取资金。在1994年查获的震惊全国的无锡"邓斌案"中，邓斌经营的无锡新兴实业公司，从1989年至1994年6年间，共计集资人民币32亿元，遍及全国12个省、市的368个单位，涉案人员200余人。此外，根据我们在徐州地区的调查，集资的概念也存在于民间金融组织者的集体记忆中。在20世纪90年代初期，政府也曾经向社会公众集资，用于修建公共设施。而一些国有企业，在面对资金困难期时，也曾向员工集资。

> 当时县政府修三环路的钱，到现在都没有归还，所以这集资，并不是一个现在才有的现象。
> 厂里（某国营机械厂）经营不好的时候，有时候直接向工人集资，然后去运营，实质上相当于工人给自己发工资了。[1]

（三）2000年以后的民间金融：担保、小额贷款和民间抵押贷款

随着2005年国家对民间金融机构的政策转变，小额信贷公司、民间担保公司和房产抵押贷款公司成为这一时期民间金融机构的主流。这种民间金融机构经营的业务，并不直接涉及面向公众的集资，而是承担了其他一些金融活动。但是，由于现实监管的薄弱，更多的民间金融机构暗中从事集资和放贷的业务。

---

[1]　资料来源：访谈资料 CX。

根据广州民间金融研究院和中央财经大学调查组的数据，2010年至2012年，我国的小额贷款公司、融资性担保公司、典当行、投资公司的从业人数和经营金额有了显著的增长。表5－2、表5－3、表5－4归纳了这几种类型的民间金融机构发展趋势。值得注意的是，这仅仅是官方统计数据，有可能存在更多的未在统计范围之内的隐形机构。

表5－2   小额贷款机构从业数量、人数和金额（2010—2013）

年份	2010	2011	2012
小额贷款公司机构数量（家）	2614	4282	6080
小额贷款公司贷款余额（亿元）	1975.0	3914.74	5921.38
小额贷款公司从业人数（人）	27884	47088	70343

数据来源：中国人民银行；数据转引自《中国民间金融发展研究报告》，2013

表5－3   融资性担保公司的规模（2006、2010、2012）

年份	2006	2010	2012
融资性担保公司数量（家）	3336	4817	8538
注册资本金（亿元）	1242	3915	——

数据来源：《中国民间金融发展研究报告》，2013

表5－4   典当业的规模（2011—2012）

年份	2011	2012
典当公司数量（家）	5235	6084
典当余额（亿元）	545.2	706.1

数据来源：《中国民间金融发展研究报告》，2013

尽管国家并未完全放开民间金融市场，但是，根据各种口径的统计，我国的非正式金融机构的总数十分惊人。此外，还有大量房地产中介、小型投资公司、理财公司，往往以隐蔽的形式从事民间吸储、放贷业务，无法被官方统计在内。这些数据客观上宣告了国家长久以来的取缔和压制政策并未起到书面规定上的效果，在 2010 年后，当政策逐渐松动后，民间金融重新开始大规模地发展。

二　微观行动者的反抗策略

在国家主导的历次整顿运动后，民间金融活动随即由公开转向半公开和地下，但是从未消亡过。在逃避国家制裁的过程中，民间金融的发起者和经营者有着自身独特的应对策略，才得以在历次整顿风潮中起起伏伏、死灰复燃。这种生存策略往往被以往的经济学、金融学和法学研究忽略，从而在民间金融的合法性建构运动中，底层的行动者在实践中扭曲制度、适应国家政策调整的具体行动也构成了一项重要的环节。这意味着国家对民间金融的行动并非是单向度的，而是在政策、法规到实践的连续统中反复发展。

（一）创新：融资形式的集体转变

如果将民间金融的融资经营活动视作市场中行动集合的产物，那么在历史的不同阶段，市场的参与者在应对外部的政策和法律环境时，首要的应对策略就是"形式转变"，即民间金融的发起者和经营者，不断地根据国家的相关法律和政策，创造出新的民间金融形式，规避原有的制度风险，但是在本质上并不放弃民间融资的核心目的。阿布拉法等人在对金融市场的人类学研究中，将金融市场视为市场监管者和被监管者不断竞争的场域，整个人类金融制度演进的历史就是被监管者不断逃避原有法律制度的历史①。无论是在何种法律体系下，法规禁止的部分永远只是人类行动者所有行动可能性的一部分，不可能囊括人类行动的全部可能。作为金融市场上的被监管者和被约束

---

① Abolafia, M. Y., *Making Markets: Opportunism and Restraint on Wall Street*, Cambridge: Harvard University Press, 1996.

者，民间金融的发起者和经营者的首要策略，就是通过不断地发明出新的经营形式，来逃避法律和政策的直接打击。

在民间金融兴起之初，1985 年银行管理条例颁布之前，国家并未有相关政策和法规命令禁止民间金融活动。这一时期的民间金融活动依托原有的集体经济制度，出现了类似于其他乡镇企业的民间金融。而当国家明确了国家主导的金融市场的合法性边界之后，原有的集体所有制金融和个体金融受到打击。但是，民间金融活动并未从此消失，而是通过其他形式继续生存。例如，在浙江温州、福建、河南等地的合会组织，恰好避开了 1985 年的银行法规，游走在法律合法性的边缘①。表面上看来，合会组织的兴起与当地延续的民间金融传统有关，但是，从另一个角度思考，正是本可以具有法律合法性的民间金融组织被压制，才使得民间金融转向其他形式，以合会的方式继续发展。

与此同时，私营金融机构的法律不合法性，也促使很多民间金融融资活动通过合法金融机构的非法途径得以实现。换言之，在私营的民间金融机构被严格限制之后，一些经过国家批准的合法金融机构，如农村合作社、城市信托投资公司，在真实的实践中也从事着一些民间金融活动。而当 1988 年开始的金融系统整治清理活动展开后，未经批准的民间金融机构和经过批准的金融机构非法从事民间融资的活动都被严格整治②。在这一情况下，绕开金融中介直接进行集资的民间融资活动又开始大量出现③。在整个历史的时间点上，企业的民间直接融资的高峰出现在 20 世纪 80 年代末期 90 年代初期，恰好是各种从事民间融资活动的民间金融中介被严格整顿时期。尽管没有充分证据表明二者之间存在着必然的因果关系，但是，直接民间融资无疑是民间金融的又一个流行的形式，而这种新的直接集资形式，恰恰处

---

① Tsai, K., *Back-Alley Banking*: *Private Entrepreneurs in China*, Ithaca: Cornell University Press, 2002.

② 《中国金融年鉴1989》，中国金融年鉴杂志社出版公司 1989 年版。

③ 同上。

于当时法律的真空地带。直到 20 世纪 90 年代中期，随着一系列相关条例的出台，民间面向不特定公众的大范围集资被确定为违法犯罪行为，这种"非法集资"行为才受到了严厉的打击。也是在同一时期，民间金融的从业者也创造出更多新的形式。这些形式，被国家的法律体系归结为"变相非法集资"。例如，采用变相发行股票，变相发行彩票，发起投资酒庄、造林等方式。而当这些变相的非法集资活动运行正常时，国家主导的监管体系往往并未及时介入，只有当集资的资金链断裂，引发问题时，这些隐秘的融资活动才得以被公众知晓，进而被严加取缔和处罚。

2005 年以后，随着国家对民间担保行业和小额信贷公司的有条件开放，民间金融的形式创新更加明显。在浙江温州地区，出现了新型的担保公司和担保方式。2006 年，以方兴担保公司为代表的温州民间担保公司，创造出"存单质押履约担保"和"房地产抵押履约担保"这两种新的担保方式①。2007 年，吉明等学者对这种新的担保形式进行了调查研究，指出了方兴担保公司既突破传统意义上的单向互保和双向互保，利用反担保的方式，将担保功能和信用功能有机结合，公司的担保能力不再受到资金的限制，又避开了银行监管的种种规定②。这也意味着新的担保公司，采用新的担保形式，绕开了既有法规的限制。而这种新的民间金融实践形式，一方面缘于行动者对既有法规框架的重新阐释，另一方面缘于其对法律规定模糊之处的大胆实践和创新。

在应对国家法律的禁止和压制时，民间金融的形式转变是市场行动者的首要应对策略。形式的变化既有效地逃避了法律和规章书面规定，又在实质上延续着民间金融的根本目的：非官方的融资活动。形式上的变化利用了法规和书面规定的有限性，在法律的空白处弱化了既有法律对民间金融的强制性限制，创造原有的成文法规尚未涉及的

---

① 胡方松：《温州民间借贷风暴》，中国民族摄影艺术出版社 2012 年版。

② 吉明、钱敏、吴登宽：《关于规范担保机构与银行业金融机构业务合作情况的调查与建议》，《浙江金融》2007 年第 3 期。

实践活动。如此一来，国家所面对的并不是一个静态的民间金融市场，而是一个针对国家强制规定不断做出形式转变的民间金融市场。国家颁布法律和政策的相对滞后性，给予了民间金融形式变化的空间。

（二）后台和关系：以 S 中介为例

尽管形式上的转变，可以使得民间金融的行动者抢在法律和政策尚未健全之前，创造出新的实践形式，躲避来自国家的合法性压力，但是，20 世纪 80 年代中期以来不断完善的法律体系，不仅对民间金融的表现形式有着具体的规定，对其本质也有着相对稳定的界定。仅凭形式上的变化，民间金融并不足以在压制中生存、发展、壮大。20 世纪 80 年代到 90 年代的几部法律，归纳出了非法的民间金融活动的辨认标准，即未经国家许可、利率高于法定利率四倍、面向不特定公众吸收资金[①]等。一切金融活动，无论其形式和名称如何变化，只要违背了这些原则中任何一条，都将被国家认定为非法，进而接受查处。在这种情况下，民间金融的参与者采用了一系列的技术手段，对抗国家的法规制定以后的执行环节。尽管无法完全逃避法律的规定，民间金融的行动者却可以通过种种手段，使得政策和法规无法完全顺利地实行。

对于单个的民间金融组织而言，寻找"后台"，建立"关系"是谋取自身生存的重要行动策略。在社会学的学术传统中，"后台"意味着行动者之间的"庇护关系"的提供者。在魏斐德对中国近代经济的研究中，官员与工商业者之间的庇护主义结构成为经济发展的重要特征。而在关于西西里黑手党和俄罗斯黑帮的研究中，各种地下经济与地方政府间，也存在种种社会关联[②]。"关系"在社会学的传统中，实际上是一种社会关系。西方社会学，尤其是当代经济社会学

---

① 陈蓉：《"三农"可持续发展的融资拓展：民间金融的法制化与监管框架的构建》，法律出版社 2010 年版。

② Gambetta, D., *The Sicilian Mafia*, Cambridge：Harvard University Press, 1993.

中，更多地强调社会关系对于个体获取信息的帮助①，或者从更加宏观的层面将社会关系的总和视为个体乃至一个地区的"社会资本"总和②③。这些对社会关系的理解或多或少忽视了在"法律特殊主义"情境下，"关系"对逃脱制度约束、行使法外特权的重要作用。换言之，在缺乏有效的第三方约束的社会情境下，监管者和被监管者之间的"关系"将直接影响到国家权力意志执行的效果。而民间金融实践中的真实存在的"关系"，则包含了更多的直接利益关联。民间金融机构的"寻找后台"和"建立关系"策略远远超出了简单的信息传递的范畴，成为其躲避国家压制的生存策略。表 5 – 5 表明了新经济社会学的社会关系和中国民间金融中的社会关系的区别和联系。

表 5 – 5　　　　　　**社会关系在不同的社会情境下的作用**

社会关系在法律普遍主义情境下 （弱关系与强关系）	社会关系在法律特殊主义情境下
信息的传递	信息的传递
建立信任	建立信任
情感支持	情感支持
	隐蔽的利益交换
	绕开文本制度约束的手段

在组织化民间金融发展的早期，地方政府扮演的民间金融"庇护者"的身份基本是公开的。在这一时期，各种形式的合作基金会、集体产权的自发金融机构，其背后的"后台"就是村、镇、乡、县、市等各级机构。这类机构，往往在民间金融机构的运作中充当两种角

---

① Granovetter, M., "Economic Action and Social Structure: The Problem of Embeddedness", *The American Journal of Sociology*, Vol. 91, No. 3, 1985.

② ［美］林南：《社会资本：关于社会结构与行动的理论》，张磊译，上海人民出版社2005 年版。

③ ［英］帕特南：《使民主运转起来：现代意大利的公民传统》，王列、赖海榕译，中国人民大学出版社 2015 年版。

色：发起者和批准者。

发起者意指在民间金融组织成立之初，民众和地方政府共同参与了组织的筹建工作。尽管在产权上，这类民间金融组织往往是集体所有，并未明确划入地方国资委（更基层的政府没有权力将其划为政府资产）。根据孙建刚等人在湖北省的调查，20 世纪 80 年代的汉川和钟祥等地的民间组织，往往都是由镇或者村的领导干部组织筹办。基层的政府组织参与筹办金融机构，其出发点往往是发展当地的乡镇企业[1]。而在另一些区域，民间金融组织并非由政府参与筹办，但是政府却对民间金融组织的成立和发展表示了公开的支持。例如，20 世纪 80 年代的温州地区，在方兴钱庄的成立过程中，镇政府对钱庄的成立表达了完全的支持态度。

在民间金融组织的非法地位确立以后，地方政府失去了公开支持民间金融组织的合法性依据，很少有地方政府在违背法律的情况下，公开支持地方民间金融的发展。但是，这并不意味着民间金融组织与地方政府彻底失去了联系。我们可以从历史的资料和针对徐州地区的实地调查中，归纳出真实存在的至少两种隐性"找关系"类型。这些微观的日常实践策略，并不必然普遍存在于每一个民间金融组织之中，但是其本身的存在，就是对抗宏观的国家力量的特定表现。

第一种关系类型可以称为"卷入式关系"。即设法使得地方官员或者前官员参与民间金融借贷活动，或成为民间金融组织本身的隐形投资人之一，或成为民间金融借贷经营链条上的一个环节，例如，成为放款人、借款人等。一旦具有官方背景的官员或者前官员参与到民间金融活动之中，民间金融经营与其就有了直接的利益关联。对于在任期间的官员而言，暗中参与民间金融的风险极大，较少有人公开承认。

---

① 孙建刚：《对钟祥县农村民间金融组织的调查与思考》，《银行与企业》1988 年第 6 期。

而对于前政府官员参与民间金融的现象，媒体公开披露较少。表面上看来，退休或辞职的官员参与民间金融组织，并不会表明地方政府与民间金融活动之间的直接利益关联。但是，在退休和辞职的官员背后，是其长期积累的社会关系网络，通过这种关系网络，各种有利于规避国家清查的权力资源和信息资源都可以有效地作用于民间金融活动，为民间金融活动的各种经营提供便利。类似的现象也可见于美国学者对华尔街的研究中，曾经在政府任职的公务人员，在加入华尔街的投资银行后，可以帮助这些机构更加有效地规避政府管制。

我们用第二章中实地访谈的徐州市 S 中介公司的案例，来说明民间金融的拉拢策略带来的实际效果。如第二章所述，S 公司在成立之初，曾经有前县级领导参与，同时其主要的管理者是某国有银行的前副行长 D。除了 LY 外，另一名投资人 D 在接受访谈时，谈及了关系和后台带来的诸多优势。

在 S 公司成立之初，熟人关系首先使其在合法注册上占据了优势。

> 当时成立的时候，直接找的熟人，资格审查和手续审批基本上不用你问了……三千块钱搞定，想注册什么公司都行。（笔者注：估计略有夸张）①

而在平时公司的运营管理上，D 谈及了自己在银行工作的经验和专业知识可以帮助公司更好地运作。

> 有的投资公司根本就不会运作，咱有那么多年的银行工作经验，知道拿了钱投资到哪里，怎么用这个钱……②

---

① 资料来源：访谈资料 D1。
② 同上。

关于最为重要的躲避法律合法化压力的问题，D 谈到了有人好办事的道理，无论是在应付有可能的举报上，还是例行检查上，关系都非常重要。

> 你又不是小孩，这个道理还不懂吗，这些事情（笔者注：地方监管）只要有熟人，不怕他们，基本上没有什么问题，咱也没违法乱纪。（笔者注：其实公司经营涉及非法集资）①

在实际运营中，S 公司在 2012 年关闭以前，成功地半地下从事民间金融集资、借贷活动，而其背后的隐性后台和关系发挥了重要作用，见表 5-6。

表 5-6　卷入式关系：使具有政府背景的人员参与民间金融

主要参与人员	政府前县级官员、某国有银行地方副行长
与工商局的关系	简化公司注册，使不合法律的经营通过审批
与银行的关系	增进专业知识
与监管部门的关系	获取检查信息、提前躲避检查

另外一种关系类型则可以称为"共生性关系"。在这种关系中，民间金融组织提供的金融资源有效地解决了民营企业融资问题，成为当地经济发展必不可少的一个环节。在这种情境下，地方政府依赖大的民间金融活动谋求 GDP 的增长，不仅容许专业民间机构发展，也对一些大型民营企业从事的民间金融融资活动报以放任的态度，而民间金融机构则需要获得地方政府在政策执行层面的支持和宽容。从而，民间金融的经营者和地方政府之间结成了一种共生关系。这种关系，既有可能包含个人化的私人联系，如大的民营企业主和政府官员间的私人关系，也有可能包含政府和民营组织间的群体关系。

---

① 资料来源：访谈资料 D1。

无论这种关系的具体形式如何表现，其关系的连接点在于地方经济的发展。对民间金融组织和从事民间金融活动的企业而言，其目的在于获取企业或组织利润最大化，而对于地方政府而言，默许民间金融发展的目的在于获取税收和 GDP 总量的最大化。这种符合行动者双方目的的共同行动取向，造就了地方政府和民间金融经营者之间的共生关系。

这种共生关系在具体的实践中，表现为地方政府对于当地明星企业合理的关照和对地方重要支柱产业大力的扶持。在浙江温州等民间金融已经发展壮大，并且成为地方经济发展动力的地区，地方政府对民间金融的态度均相对宽松。此外，在民间金融机构遭遇国家力量查处，或者面临其他危险时，地方政府也具有拯救民间金融的行动取向。

共生关系同样有可能具有卷入式关系所具有的一切客观效果，同时，由于政府庇护的动机为"地方税收"和"地方 GDP"，这种庇护行动可以更加公开化。主要表现在民间金融面临国家层面的整顿压力时，地方政府在执行上级政策的过程中，可以采取种种措施，保护地方民间金融的发展。

卷入式关系和共生式关系仅仅是我们从客观实践材料归纳出的两种关系模式（见图 5-1），并不必然存在于每一次民间金融实践中，未必成为整个中国民间金融运作的主要模式。这种非定量化的研究方式，并不能确定采用这种行动策略的民间金融机构，在全国范围内的数量、比例等。但是，我们唯一可以肯定的是，在民间金融成功地躲避国家整顿力量的背后，的确真实存在过这样的隐秘行动策略，成为众多消解国家力量的策略集合中的鲜明部分。

（三）前台和幕后的遮掩术

除了依托关系带来的权力资源和信息资源之外，民间金融的行动者们仍然有各种具体的微观策略，应对宏观的国家力量。作为地下和半地下的金融行为，逃避监管和整治的重要策略就是信息的隐蔽。如

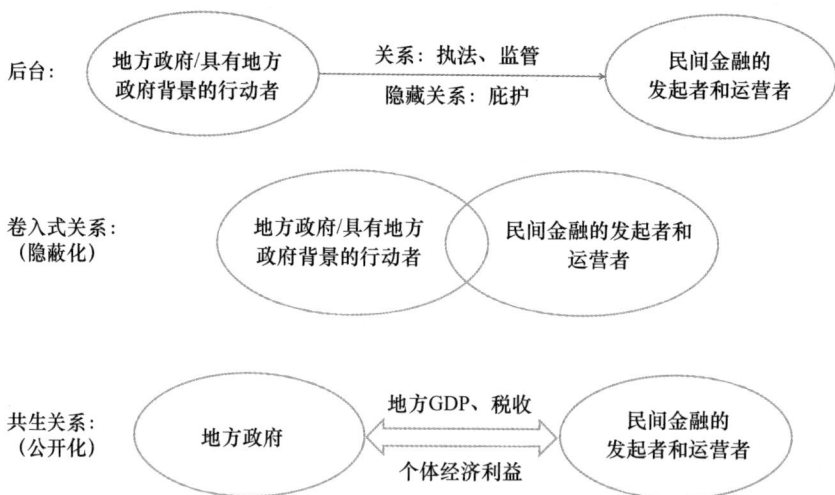

图 5 - 1 后台、卷入式关系和共生式关系

果我们换个角度审视戈夫曼提及的个体行动者印象整饰的策略①，可以发现，"前台"与"幕后"的隐喻同样适用于民间金融的底层行动者。他们也在日常的经营中试图塑造出具有合法性的前台，而在幕后则是更加贴近其本身的真实行动目的。

同样的行动策略也可见于组织社会学中新制度学派的一系列研究。这一学派也发现了组织中正式规章的设定往往具有"同形性"的特征，而这些设置往往是出于合法性的要求，组织的真实运行，很多时候却遵照非书面的制度。

前台和幕后的遮掩术的表现形式在不同的历史时期有所不同，但是有一些却较为流行和稳定，如果我们将这些表现形式置于传统的话语系统下，可以将其称为"挂羊头卖狗肉"和"阴阳合同"，这两种技术都可以使民间金融的经营者成功地塑造出合法的前台，而在幕后从事违反法律的民间金融活动。

"挂羊头卖狗肉"的技术，实际上就是指民间金融组织合法地注

① ［美］戈夫曼：《日常生活中的自我呈现》，冯钢译，北京大学出版社 2008 年版。

册成官方认可的组织机构，却在真实的运行中超出经营的范围，隐蔽地从事未被许可的业务。从 20 世纪 80 年代开始，许多符合规定的金融机构，在实际中从事着超出经营范围的金融活动。根据中国金融年鉴的记载，在 20 世纪 80 年代末期的清查运动中，中国人民银行的监察机构查处了不少类似的违规经营活动，这些融资活动以当地政府批准的信用社为主，还包括一些地方性信托公司。或者违规超出了法定的利率范围，或者未按照规定审核放款对象。正是这些违规的金融活动，实际上在一定程度上发挥了隐形的民间金融功能。

2005 年后的政策法规变化，为民间金融机构塑造合法的前台提供了充分的条件。随着国家对融资性担保公司、小额贷款公司、民间投资公司、典当公司、房产咨询公司、私募基金、房产中介公司的开放，民间金融机构已经有限度地合法化。但是，由于面向公众的完全市场化融资活动仍未获得法律认可，不少民间金融机构打着这些已经合法化的机构之名，从事民间集资和放贷的业务。这些已经被允许的组织名称，为实质上的非法集资和放贷提供了合法性的外衣。而 2008 年美国次贷危机和全球经济衰退之后，不少从事实体产业的民营公司也在暗中转向金融运作。

正如我们在第三章中调查所获知的，在苏北的徐州市，绝大多数小型民间金融机构依托房产中介的存在而存在，即在前台是正规注册的房产公司，而在幕后暗中从事集资放款、房屋抵押贷款的业务。规模较大的民间借贷公司，往往是一些资本雄厚的担保公司、投资公司、典当行，在经营主营业务的同时，越过国家的法律界限，或从事面向公众的集资，或从事超出利率范围的放款。一部分经营实体产业的公司，也在融资困难的情况下，直接从事民间集资活动，更有一些公司，放弃了实体产业，将民间借贷作为经营的主业，这时，原有的合法的公司名称、组织机构，也变成了从事民间金融活动的合法外衣。

徐州民间金融市场上的 S 中介与 D 公司，在前台上均获得了国家法律范围内的认可。其中，S 中介是在工商局正式注册的房产中介，而 D 公司则是在工商局正式注册的综合性公司，主要涉及贸易、投资，甚至涉及教育产业。这仅仅是 S 中介和 D 公司获得合法性地位的一种形式。

前台的成功塑造，可以通过工商局的批准、地理位置的占据、经营业务的部分合法化等方式，来躲避国家制度层面的压力。一旦相关部门进行检查之时，可以有合法经营的许可和经营记录作为遮掩，而幕后的经营活动则较为隐蔽。由于幕后的民间金融活动大都出于自愿原则，在金融活动的各方遵守约定的情况下，极少有人向监察部门进行举报，这就使得幕后的金融活动更加隐蔽。在不发生资金链条断裂、债权人举报的情况下，这种隐蔽的实践会一直继续下去。

"阴阳合同"则是我们在调查中发现的另一种普遍存在的技术。这种技术的实质为交易双方签订两种合同，一种合同是表面上的合同，符合法律合法性的规定，但却未能反映双方的真实约定。而真实生效的却是违法的隐藏合同。表面符合法律规范的合同，其主要功效是躲避国家的监察机构的监督和查处，成为一种合法性的外衣，使得违反法律的交易可以持续下去。阴阳合同的实质仍然是信息的隐瞒，这种信息隐瞒的对象不是交易双方，而是第三方的监督者。具体应用在民间金融实践中，主要表现在对借款利率、借款数额、归还方式等的掩饰。而这种掩饰，则是被国家不断变化的合法借贷的标准所塑造的。

民间金融的借贷行动中，依赖亲缘关系、地缘关系等熟人关系建立的借贷关系往往使用相对非正式的合同，如口头的契约、简单的书面借条。在这种情况下，众多的社会学研究和经济学研究表明，交易双方的信任往往通过社会资本来实现[1][2]。而当民间金融的发展转向组织化时，正式的书面合同就成为双方交易的凭证。在法律不保护非法民间借贷的情况下，民间金融的底层行动者，试图将不合法的借贷

---

[1] Carruthers, B. and L. Ariovich, *Money and Credit*, Malden: Polity Press, 2010.

[2] [美] 林南：《社会资本：关于社会结构与行动的理论》，张磊译，上海人民出版社 2005 年版。

行为在形式上转变为合法的，却在实质上维系着真实的交易意图。

阴阳合同最明显的体现是对借款利率和数额的改变。由于国家规定受到保护的借贷利率是法定利率的四倍以内，因此在借款时，当借出借入双方真实约定的利率高于四倍时，就变更借款的原始金融金额。例如，以一年期借款为例，某阴阳合同的表面合同签订的逻辑如下：

真实原始金额	国家法定年利率上限	到期归还金额
x	a_1	$x(1+a_1)$
阴阳合同金额	虚假借款利率	到期归还金额
$x(1+a_1)+n$	a_2	$[x(1+a_1)+n](1+a_2)$

为了保证借款后的还款高于国家法定利率的上限，在表面合同上，借款利率是符合国家标准的。但是借款的初始金额往往就已经大于国家规定的本息合计的应还款项，而出借人实际出借的款项并没有那么多。由 x 转变为 $x(1+a_1)+n$，n 的数量，取决于民间金融公司真实借贷利率的多少。民间金融的经营者往往以此来获取客户的信任，这样，对客户而言，既保证了收益高于国家法定利息，又保证了这种借贷关系在形式上似乎可以受到国家法律的保护。但是，事实证明，一旦一些民间借贷公司跑路，即使本金，也很难追回。

在调查中，S 公司的 A 讲述了这种合同并非是一家独创，而是行业里普遍通行的潜规则。尤其是对于相对陌生的客户，这种合同使用更多，对于熟人，往往直接写真实的高利息借条。

> 这个也不是我们公司发明的，基本上这边的合同都得这么签，你不这么签，到时候双方赖账都不好，而且，这个也是符合规定（笔者：指国家法律）的……①

---

① 资料来源：访谈材料 D-A。

各种规避国家正式制度的技术，最终都将目的指向一点：将正式的文本意义上的法律和政策，以及这种法律和政策背后代表的国家意志，转变为象征性和符号性的傀儡制度。在傀儡制度的外衣下，民间金融尽管改变了形式，却依然按照自身运行的逻辑，运转着。

三　本章小结：法律的消解和国家能力的边界

历史证明，面对国家的压制力量时，民间金融并未消亡，反而在压制中逐步发展。民间金融的经营者采用融资形式的集体转换躲避法律和政策的直接制约，在具体的实践中通过关系和后台寻求有利于经营和生存的资源，通过诸如"挂羊头卖狗肉"和"阴阳合同"等具体技术获取形式上的合法性。这些来自底层的生存策略，消解了来自中央层面的政治和法律压力，使得社会运动式的整顿活动，在执行层面遭遇到软抵抗。最终，民间金融在一直未获得完全合法地位的情况下生存下来。这正是民间金融合法性进程中最为关键的一步。

在国家行动者依据经济形势和政治考量做出整顿民间金融的决策时，民间金融的底层行动者与地方政府一同做出了回应。地方政府一方面需要服从国家的权力意志，一方面也需要考虑地方经济的发展。而在更加隐秘的环节，部分民间金融的经营者成功地将拥有地方权力资源的行动者拉入民间金融行业，构成了民间金融和地方权贵的卷入式关系。每一次来自中央的政治动员，都使得地方政府面临较大的政治压力，不得不对民间金融活动进行清理和整顿。而在整顿背后，有一种相反的利益取向，即维持地方市场经济发展的取向与上层的压力进行对冲，达到一种相对的平衡。考虑到时间变量的加入，即随着时间的推移，来自中央的政治压力和舆论压力出现松动，保护地方金融的行动期望占据主导地位，国家层面的政策和法规随即无法得到严格的执行，于是，国家对民间金融的整顿活动也就呈现出一种周期性的失效现象。

从中央立法到地方执行的复杂过程，也同时被底层的民众知晓。

在底层行动者的行动框架中，或利用地方政府与中央政府之间的距离，进行维权式上访，将地方政府置于利益对抗的第三方，例如，一系列的征地上访运动和民间表达中的"经是好经，被和尚念歪了"；或者如本章所描述，与地方政府形成利益的共同体，共同对抗来自中央的立法活动，在制度的执行层面和实践层面进行软抵抗。

来自底层的"非对称抗争"和地方政府所处的左右摇摆的位置，使得国家在民间金融的问题上，不断地针对变化修改政策和法律，却未必能取得预期的政策效果。民间金融屡禁不止的事实也使得我们重新思考国家能力的边界问题。

在关于非正式经济的一系列研究中，不少学者发现，国家越是强烈地压制非正式经济的存在，非正式经济往往越是发达①。在非正式经济难以根除的背后，至少有两个因素起到重要作用，首先是国家的控制范围，其次是国家控制的能力。Lomnitz 指出，"正式经济创造非正式经济，国家调控的矛盾在于，政府通过法规和控制的加强竭力消除违规行为，却往往提供和扩大了这些行为发生的条件"②。在随后的研究中，Ahmed、Adams 和 Lomntiz 又指出，国家调控的扩大增加了参与违规活动的机遇，而决定实际规模和形式的却是"国家调控能力"和"接受调控的人的社会文化资源"③④。

在中国民间金融压制与回应的历史过程中，一直被称为"强大"的国家能力确实受到了挑战。在蔡欣怡关于浙江、福建和河南的研究中，民间金融之所以发展壮大的重要原因之一，在于政府的政策执行能力的限度⑤。传统的观点认为，作为威权主义国家的代表，中国一

---

① Lomnitz, L., "Informal Exchange Networks in Formal Systems：A Theoretical Model", *American Anthropologist*, Vol. 90, No. 1, New Series, 1988, pp. 42 –55.

② Ibid.

③ Ahmed, A. H. and D. Adams, "Transcation Costs in Sudan's Rural Financial Markets", *Africa Review of Money, Finance and Banking*, No. 1, 1987.

④ Lomnitz, L., "Informal Exchange Networks in Formal Systems：A Theoretical Model", *American Anthropologist*, Vol. 90, No. 1, New Series, 1988, pp. 42 –55.

⑤ Tsai, K., *Back-Alley Banking：Private Entrepreneurs in China*, Ithaca：Cornell University Press, 2002.

直有着一个相对西方而言的强政府,秦晖将其称为"大共同体本位社会"①。而中央集权制的统治结构,也为中央政府实行社会管控、主导经济改革提供了有利条件。非典时期的迅速社会动员,就使得强国家的动员能力展现得淋漓尽致。

但是,为什么即便是一个强国家,却无法在民间金融的问题上取得预期的政策效果呢?道宾在对美国的"平等就业运动"的历史社会学研究中发现,美国的"弱国家"治理模式,反而使得与平等就业相关的一系列法律法规,在实践中不断地被丰富和补充,由各个企业的职业部门所创造,最终使得"平等就业"的法律原则得到彻底的贯彻。他将其称为"弱国家的悖论"②。与之相应,在被称为"强国家"的中国社会中,强政府主导的关于民间金融一系列自上而下的压制性法规,却在执行层面和实践层面遭遇到自下而上的软抵抗,并未能成功地实行,也可以被我们称为"强国家的悖论"。

在"强国家的悖论"背后,是我们对中国国家能力的重新反思。即便是一个具有强大政治资源和掌控能力的国家,在贯彻国家意志时也未必能如想象中的一般强大。"强国家"的治理模式在对社会成员的个体管理和动员上或者具有一定优势,但是在国家权力意志的贯彻上,却需要考虑更多复杂的利益结构。这不仅体现在民间金融的法规执行上,在新劳动法的实行和食品安全的法规执行上,我们都可以看到"强国家"的治理能力的限度。

"强国家的悖论"对于民间金融合法性演变而言,具有两个重要意义。第一,这就说明了即使在一个权力相对集中的国家,民间金融演进的方向,也并非完全遵循国家的意志,由国家来主导。从而,民间金融合法性演变的历史,也不能等同于国家出台的民间金融法律法规的演变史,因为,法律的改变并不代表真实运行制度的改变。法律

---

① 秦晖:《"大共同体本位"与传统中国社会》,《社会学研究》1998年第5期。

② Dobbin, F. , *Inventing Equal Opportunity*, New Jersey: Princeton University Press, 2009, pp. 1-21.

的演变仅仅是民间金融合法性演变的标志物，而非决定物。第二，这也表明了国家并非经济学制度变迁模型中的理性行动者，而是能力有限度的行动者。民间金融的合法性演变，是一个更加充满偶然性与不确定性的社会历史过程。

第六章　非沉默的第三方

在论述合法化时，伯格等人提出，"合法化并不是一种与价值有关的事物，它也是一种知识……一种解释和证明的过程"①。如果说民间金融行动者的种种回应，消解了法律意义上民间金融的非法地位，那么来自社会中其他行动者的行动过程，则完成了民间金融新的合法性地位建构的最后一步，共同建构出一套关于民间金融合法化的集体认知系统。这一历史过程，引发于金融社会风险的爆发，最终导致了以市场化解矛盾的理论的形成。

一　金融风险向社会风险的转移

贯穿于民间金融发展历程始终的压制—回应模式，仅仅是民间金融演变的逻辑起点。这种肇始于改革初期，来自市场行动者的抵制运动，间接地将国家的政策力量消弭于无形，使得书面上的文本政策，始终未能收到预期的理想效果。而这一状态的延伸，并非民间金融简单的自生自变，而是意外地以社会危机的形式，将更多社会成员卷入其中，进一步将民间金融从经济领域社会化和政治化。这些社会成员，未必是民间金融的经营者，却也卷入社会危机之中。

在哈贝马斯那里，社会危机被界定为"社会系统的持续失调"，

---

① ［美］彼得·伯格、托马斯·卢克曼：《现实的社会构建》，汪涌译，北京大学出版社 2009 年版，第 77 页。

在当代资本主义社会，经济领域的危机最终将触发整个系统的危机。我们在这一研究中借鉴并拓展这一概念，将由金融危机进一步引发的社会危机称为"金融社会危机"。具体而言，由于民间金融市场的突然瓦解，引发了社会成员一系列集体行动，这种集体行动指向政府治理，并且存有引发更广泛社会运动的潜在可能。在国内，刘世定也曾指出，在经济危机爆发后，同时存在着经济危机传导的社会机制和经济问题向社会问题传导的社会机制①。在中国民间金融的发展历程中，在 20 世纪 80 年代末期，与 2010 年前后，分别存在着两次民间金融社会危机。

（一）金融社会危机的爆发

20 世纪 80 年代末期，民间金融风潮引发的地方社会治理危机就初见端倪。限于传播媒介的发展程度，当时的地方性事件似乎并未立刻造成全国性的连锁反应。但是，我们仍然可以从当时学者研究报告的记载中洞悉事态的严重性。而由于民间金融引发的地方治理危机，主要分布在浙江与福建地区，由当时盛极一时的合会、抬会活动引发。

根据郑清华在 1989 年针对福建福清地区的合会调查，我们可以发现隐藏的地下金融，其蕴含的地下风险，具有直接将民间金融合法化的经济问题上升到社会问题的可能性。在这份调查报告中，关于当时的抬会现象作出了如下记述：

> 破坏了社会安定团结……在福清县的海口镇和城头乡，以及毗邻的长乐县、平潭县，抬会活动已经深入人心，人人无不关心自己的会的前途，不管是工厂、办公室，还是学校，处处都谈论着抬会。②

由于抬会未经法律许可，入会者看到潜伏着倒会的危机后，

---

① 刘世定：《危机传导的社会机制》，《社会学研究》2009 年第 2 期。
② 郑清华：《福清县海口城头地区民间抬会活动的调查与思考》，《福建师范大学学报》1989 年第 2 期。

开始了以武力来维护会的信用的冒险尝试。许多会头雇请拳师，既当保镖，又助催会……由于资金周转脱节，缴不了会款而挨揍的事件屡有发生，甚至株连亲友。①

倒会的倒了，不完全倒会的也倒了，有的根本没有倒会的，见机变也一倒了事……不少会员因无法追回会款而采取了对其家属行凶、侮辱、抢劫、封房、捣毁财务等暴力行动，有的甚至对家庭中的女性进行强奸以泄愤报复，社会秩序一片混乱。②

与此同时，在浙江温州地区，20世纪80年代中后期，也出现了数次大的倒会风潮，涉及面广，农村地区的大部分家庭被卷入其中。根据学者王育华在1989年的调查，仅温州乐清，"受到民间金融风潮影响的就有5万多户，占全县总户数的25%，第三次民间金融风潮对城镇居民的影响率为60%"③。

1988年4月，一场以平会倒会，银背破产为导火索的民间金融风潮又骤然而起，再次冲击民间金融市场。据不完全统计，在这次风潮中，仅柳市、白象、翁垟、乐成四大集镇倒闭、破产在100万元以上的平会和银背就达33个，金额在6000万以上；而100万以下的更是不计其数，涉及资金在1亿元以上。风潮爆发后，因索债而引起的恶性人命案频频发生，严重危害了社会秩序。④

由于被认定为非法活动，政府并未直接管理和规范民间金融参与者的资质和范围，故而众多民众被直接卷入金融活动之中，使得民间

---

① 郑清华：《福清县海口城头地区民间抬会活动的调查与思考》，《福建师范大学学报》1989年第2期。
② 同上。
③ 王育华：《乐清县民间金融风潮的透视和思考》，《上海金融》1989年第2期。
④ 同上。

金融的参与者范围大大扩大。而参与的群体也不是经济学理想状态下具有金融知识和理性行动能力的"经济人",相反,大部分参与者是经济知识匮乏、从众心理较强的普通民众。

另一个引发社会动荡的因素在于,由于政府在民间金融活动中无法制定相应的法规来保证金融活动中的信用问题,导致这种信用破裂后的惩罚通过非法手段来实现,从而在这一民间金融领域,有可能出现"黑社会"的运行逻辑取代社会的法制运行逻辑的状况。根据卡如瑟斯关于金融与信任的行动者模型,我们不难发现,作为金融活动的一种,民间金融实质上要求社会行动者之间的相互信任,基于一种对未来投入金钱一定会得到偿还的信念①。如果这种信任无法得到来自政府和制度层面的保护,仅仅基于乡土伦理和熟悉关系,在金融关系市场化和复杂化之后,原有的乡土伦理和熟悉关系反而有可能为破裂的信任所伤害。在这种情况下,暴力手段成为解决民间金融信任问题的重要方式。这一逻辑类似于张静等人关于农村基层政权缺失后,乡村的西西里化的论述。事实上,在 Gambetta 关于意大利西西里岛黑帮的研究中,未经政府管制的高利贷本就是黑社会组织重要的活动领域之一,因为在这一领域,黑手党正好可以承担起政府缺失的责任②。在福建抬会风潮中,乃至后来历次地下金融经历危机之时,非法的暴力手段和组织,总会出现在政府管制之外,从而进一步引发地方的社会失序与治理危机。

在此情形下,政府面对金融风险向社会领域的溢出,有着至少两种潜在的行动可能。第一种是介入民间金融的日常运作,为隐秘于地下的民间金融制定相应的法规和制度,保证民间金融依法进行活动,从而化解民间金融的风险。但是这一举动无疑就等于承认了民间金融的合法地位,在金融资源稀缺的年代,这一举动意味着国家对金融资源垄断的失败。另一种行动的可能性,则是继续压制直至取消民间金

---

① Carruthers, B. and L. Ariovich, *Money and Credit*, Malden: Polity Press, 2010.

② Gambetta, D., *The Sicilian Mafia*, Cambridge: Harvard University Press, 1993.

融，取消民间金融也就意味着民间金融所带来的社会风险也随之消失。在 20 世纪 80 年代末期至 90 年代初期，面对初露端倪的金融社会危机，中央政府显然选择了第二条道路，试图以完全取消民间金融的合法性，既实现金融资源的完全掌控，又取消国家金融体系外的风险。

但是，我们在第五章中的回溯表明，事实上，这种压制的政策面对基层的金融行动者和地方政府行动者时，并未取得预期的效果，直至 2010 年左右，又一次规模较大的金融社会危机发生——这便是 2010 年起爆发的民间金融跑路风潮。这一次的民间金融风暴波及面积更广，卷入资金更为巨大，引发了新闻媒体、学术界的诸多讨论。甚至可以说，2010 年以后的民间金融危机，直接引发了国家政策的变化，成为民间金融合法化进程中的一个标志性事件。

关于这次民间金融危机爆发的直接原因，学界已有充分讨论。国际金融危机的传导作用，中央政策层面的紧缩银根带来的金融资源紧缺，中国南方地区出口导向型中小企业面临破产风险、中小企业实体产业向金融业务转移等诸多因素，都使得原本暴露在国家管控之外的金融风险迅速释放。我们在此处将目光投向这种金融风险引发社会治理危机的过程。

与 20 世纪 80 年代末期的地方性经济社会危机相比，这一次肇始于浙江的"跑路风潮"范围更广。根据学者的研究和媒体的报道，江苏、山东、福建、河南、东北、陕西、山西、内蒙古等地都同时出现了借贷者跑路的现象。有学者估算，仅温州一地，在 2011 年的社会融资总量就在 7800 亿元①。而几乎每一笔民间借贷资金链的断裂背后，都会涉及众多社会成员，影响到当地的社会治安与稳定。

更为重要的是，这一民间金融危机发生在中央政府重视"维稳"的特殊时期，国内的政治形势以及互联网媒介的放大宣传作用，都使得各地民间金融引发的上访、集会、抗议事件变得更加敏感。我们在下一小节将从一个具体的群体性事件，来分析这一阶段民间金融危

---

① 段育文:《借贷危机》，电子工业出版社 2013 年版。

机，是如何超越经济领域，成为政府维稳思维下的社会问题的。

（二）一桩隐藏的群体性事件：D公司的破产和冲击电视台

在正式记载的历史背后，同样有着没有被记载的小事件。D公司的破产以及破产带来的社会群体性事件并不能成为重大历史的主线，却恰巧发生在2010年后的"跑路风潮"之中，在调查中被笔者记录下来。这种记录，更有利于我们理解金融危机引发的后果，如何直接地指向了地方治理。

在前面的章节中，我们已经了解了D公司的背景，以及其在徐州民间资金链条上的地位。在成功地经营了两年之后，D公司终于出现了资金链断裂的状况。根据曾经参与向D公司投资的Y的讲述，D公司几乎在一夜之间迅速垮台。

> 还是在6月份的时候，我们就听说南方有些借贷公司倒闭了，这时候，就都有点担心，我就打电话问之前介绍我投钱的那个人，那个人说没事，我心想就等等。谁知道过两天公司就整个关门了。我再去那个公司的时候，外面聚集了一大批人。①

在D公司几乎一夜关门的同时，大部分投资受损的人迅速聚集起来，他们在意识到老板跑路，钱款再也收不回来之后，一方面向公司下面的业务员追缴欠款，或者采取报复行为，另一方面商量如何采取集体行动措施，最大限度地挽回损失。由于根据法律规定，超过法定利息4倍的民间借贷并不受到保护，因此，这部分投资受损者只能采用更为极端的方式行动起来。

在针对业务员的追债过程中，黑社会承担起部分本应由政府承担的惩罚机制。专业的追债组织和人员迅速介入到这一事件中。根据Y的叙述，一些参与集资活动的中间人，也就是负责拉亲友入伙的业务

---

① 资料来源：访谈资料Y1。

员，被债主雇用的打手上门催债，家里的财物被清扫一空。甚至，一些人因此付出了生命。

> CY就是我原来厂里的一个同事，她平时就替人收钱，放钱，从中间能挣一点价差，这次D公司老板跑路，很多人找不到D公司，都找到她这里了。家里的所有东西都被拿走了，直接有黑道上的人威胁要她小孩的命。后来也不知道报警没报警，自己跳楼了。①

> H是我原来一个朋友，原来市里面的房子都卖掉了，他自己本身就投了很多钱进去，现在小孩舅、小孩姨家里的钱也都投进去了，现在几家见面像仇人一样，外面追债的天天上门，H已经跑到外地去了，联系不上了。一旦回来，马上就有黑道的人说要做了他。②

在D公司高速发展的时期，地方政府并没有及时地将其列为非法经营的公司，D公司有着合法的经营手续，还曾经在媒体上打出其他业务的广告。而据债主们声称，在D公司开业的时候，曾有领导亲临为其剪彩③。在D公司倒闭后，部分债主通过债务网络聚集起来，决定采用集会的形式挽救损失。在这些债主看来，只有向政府表示抗议才能最大程度地挽救损失。

> 事先商量好的债主们划分为两路人马，在电视台门口与市政府门口静坐抗议。最后，几百个人把电视台的门口完全堵住，随后，聚集的人越来越多，很多过路的群众也开始聚集，不知道是看热闹，还是来帮忙，造成交通拥堵。④

---

① 资料来源：访谈资料Y1。
② 访谈资料C。
③ 这一说法并未能得到证实，但是却在参与者中间成为一种共识。
④ 资料来源：访谈资料Y1。

部分参与这一事件的群众的诉求则是：

正是地方政府的支持，才使得 D 公司获得群众的信任，而当 D 公司出现了债务危机，地方政府应当承担起责任，或者负责追债，或者负责偿还债务。①

这事情肯定和领导有关系，背后就是有市里面的人撑腰，中间的问题要查清楚。②

既然现在说这个公司从事非法集资，那么当初谁给它合法的营业执照，谁给它正面宣传的呢？谁给它的，谁就承担责任。③

而在事后，参与者提出，之所以把集会地点选在电视台的门口，并不仅仅基于扩大行动影响力的策略考量。针对电视台的冲击，是因为该电视台曾经播出过 D 公司的广告，并且报道过 D 公司的业务取得的成就。因此，向电视台表示抗议，是这次集体行动的主要内容。

现在说是非法集资，超过 4 倍利息不保护，那当时电视台怎么还给做广告呢？

我们就是想让政府给个说法，如果是非法的，电视台为什么给播放。④⑤

最终，这次群体性事件并未成功，迅速平息下去。不久，D 公司的合伙人之一落网，据称在监狱中自杀，平息了部分债主的愤怒，但是却没能挽回集资参与者的任何损失。不难看出，从这一偶发的群体性事件开始，参与者的诉求并不仅仅局限于索要回资金，而是隐含着

---

① 资料来源：访谈资料 Z1。
② 资料来源：访谈资料 Y2。
③ 资料来源：访谈资料 C。
④ 同上。
⑤ 根据调查，电视台实际并未播出涉及集资的广告。

对地方政府的不满。在索要资金的同时质疑地方政府在这一事件中的地位，同时，在反腐败呼声日益高涨的舆论背景下，部分民间金融的行动在有意无意地忽略自身参与集资活动的非法性，而将民间金融问题转化为地方吏治的腐败问题。对更多利益受害者而言，当借贷公司的老总跑路之后，政府成为最直接的责任承担人。

下面，在这里，借用蒂利和塔罗等人提出的关于集体行动的概念框架①，用表6-1来概括D公司的破产和由其引发的社会群体性事件的过程。

表6-1 D公司破产引发的社会群体性事件

事件的时间序列	D公司破产—面向业务员的暴力追债—围绕债务网络的人员动员—电视台与市政府门口的聚集—围观群众的卷入—事件的平息
行动的指向	讨回欠款—情绪宣泄—针对地方政府及官员的质疑
动员机制	沿着借贷时的社会关系网络，重新组织起来
核心的认同与情感	维护自身权利，反对政府腐败
遣散机制（没有迅速升级的直接原因）	全国性的运动动员网络的缺乏 政府对突发事件的快速承诺 政府对舆论和媒体的迅速应对

（三）社会运动的潜在可能

尽管这一发生在2011年跑路浪潮中的群体性事件，并没有造成全国性的影响，甚至由于当地媒体的集体沉默，这一事件很快销声匿迹，淹没在当年众多的群体性抗争之中；但是，这种民间借贷资金链引发的群体性事件，所带来的影响却超越了经济领域。从上两节的论述，我们可以发现，这种民间金融危机引发的社会危机，带来了至少两个方面的后果。第一，民间金融资金链的断裂，引发出社会的失序状态。这种失序状态既包括基于亲缘和业缘的传统社会关系网络，在

---

① ［美］查尔斯·蒂利、西德尼·塔罗：《抗争政治》，李义中译，译林出版社2010年版。

遭遇欺骗或者债务之后的破裂，又包括地方的法律制度和合法暴力机构，面对法律空白地带时被黑社会等暴力组织的替代。但是，对于民间金融合法化进程推动最大的一点，来自民间金融危机爆发后，潜在的社会运动可能性。

由民间金融资金链断裂引发的集体行动，并不能直接称为社会运动，但是却有着发展为社会运动的可能性。在蒂利的定义中，社会运动具有更为广泛的影响力和规模。在信息化时代，一件小的群体性事件，在得到更广泛的群体认同后，很可能在空间上得到扩展，成为波及更广的社会运动。

第二，更为严重的是，这种联系参与者的潜在社会运动的认同基础，并不仅仅是追回损失的利益，而是面向政府治理的质疑。在第五章中，我们已经详细论述了在日常实践中，民间金融与地方政府存在着种种潜在的庇护关系。而这种关系，并未逃出群体性事件参与者的认知，这种利益的共谋关系，成为群众向政府抗争的重要依据。在这种情况下，这类群体性事件一旦以反抗地方政府的认同基础在空间上联结起来，对当下的治理现状而言，具有强大的破坏性。

此外，与一般意义上的拆迁抗争相比，这种借贷引发的群体性事件，牵涉的社会成员更多，并且有着业已成型的社会关系网络。这种社会关系网络在民间借贷时发挥了重要的组织作用。同样，当民间金融活动崩溃之时，这种网络也可以被逆向组织起来，成为大规模集体行动的动员网络。

当民间金融崩溃后，卷入到其中的不仅仅是前面章节中描述的民间金融的组织者。原本大量听从亲朋好友投资的社会一般成员，仅仅是民间金融的轻度卷入者。这部分行动者并未直接参与到民间金融组织的管理、运营、与地方政府和中央政府的合作与斗争之中。与第四章和第五章论述的民间金融组织者和政府相比，我们可以将这些轻度卷入者，乃至无利益受损，却自愿加入群体性事件的社会成员，称为第三方行动者。在民间金融资金链条断裂之后，第三方行动者被迅速裹挟进入民间金融合法化的争夺战之中，以威胁地方治理稳定的方式，成为民间金融合法化争夺中的重要筹码。而这种行动者规模的迅速扩大化，也为关于民间金融的集体行动上升为社会运动提供了潜在的可能。

尤其值得注意的是，此种情形下，参与集体事件的行动者没有直接以民间金融合法化为诉求，但是，他们的行动，却产生了逼迫民间金融合法化的意外结果。参与民间集资的群众，在跑路风潮中，很少直接提出民间金融合法化的口号和标语。如上一节所述，在 D 公司破产后的集体行动中，民众直接的诉求是追回利益损失。但是，当利益损失在事实上无法被追回后，利益的受损被群体心理集体归因于地方政府，针对民间金融的利益诉求被转换为反抗地方政府治理，反对地方腐败的运动诉求，从而，一种金融上的风险，被更广泛的社会行动者转化为社会风险与政治风险。面对这种社会风险，更为高层的治理者，不得不重新思考民间金融的问题。就这样，一种危及地方治理的民间金融社会危机——无论民间金融参与者有没有提出民间金融合法化的口号——以潜在的社会运动的方式，促进了民间金融合法化的进程。

在这一进程中，"市场合法性"与地方治理危机之间存在着密切的关联。民间金融引发的社会风险，甚至直接威胁到地方政府治理的合法地位，进一步，也有可能引发更大的社会动荡。而将民间金融合法化，成为这种金融风险向社会风险转换的直接结果。

二 从"解决社会风险"到"市场合法化"

历史上两次民间金融危机的爆发，直接导致了地方性的治理危机，并且有进一步扩大为社会危机的可能性。但是，这种经济风险向社会风险的转移，尽管将经济问题进一步复杂化，却并不在逻辑上表明这一问题的解决，一定需要以"民间金融合法化"的方式来解决。但是，事实上，在 2012 年以后，中央政府的确采用了渐进式合法化的形式，来解决这一问题。而在 1990 年初，却采用了禁止合法化的手段。回到社会建构论的视角，从地方治理危机，到采用民间金融合法化的方式解决治理危机，并非具有一种必然性，而是蕴含着一个意义系统被多方争夺与确立的过程。

（一）集体归因的转变

两次民间金融危机的爆发及其引发的社会动荡，使得解决民间金融问题的呼声浮出水面，迫使国家不得不寻求解决民间金融问题的方法。20 世纪 90 年代初期的取缔方案，与 2012 年的解决方案，实际上代表着两种截然不同的归因方式。中央政府对民间金融危机的性质、意义的理解，以及最终的解决方案背后，是对"市场"作为一种集体意识，逐渐确立的过程。这种"市场集体认同"最终包含了市场化与公平、市场化与缓解治理危机的意义关联。

在 20 世纪 80 年代末期与 90 年代初期的金融整顿开始后，政府的政策意图在于实行严格的信贷控制制度，这样的背景下，民间金融被视为破坏金融秩序，影响国家金融宏观调控的存在。而当时的经济体制决定了金融资源的控制权，必须牢牢掌控在国家手中。在这一主导舆论下，经济危机的爆发，原因在于政府对金融资源的失控。在 20 世纪 80 年代末期的官方文件中，可以发现涉及民间金融性质的特定话语。

> 坚决清理整顿信托投资机构……在清理整顿期间一律不再成立信托投资公司和其他非银行金融机构。[1]
>
> 清查发现的主要问题……违反规定超范围吸收存款、超比例发放贷款，擅自提高利率，干扰宏观控制……用存款资金直接投资和经营，危害金融秩序和流通秩序。[2]

---

[1] 刘鸿儒：《一九八八年的金融形势和金融工作》，转引自《中国金融年鉴 1989》，中国金融年鉴杂志社出版公司 1989 年版，第 183 页。

[2] 《中国金融年鉴 1989》，中国金融年鉴杂志社出版公司 1989 年版，第 198 页。

对这一话语系统中的语词符号进行分析，我们不难发现，国家常用话语中，"'非法'集资"中的"非法"可以明确表明集资行为与现行法律之间的相悖之处。在上面的文件中，"清理整顿"并不是一个中性的动词，而是将对象限定为负面的、有害的动词。"擅自""干扰宏观控制""危害秩序"，都直接表明了这一时期未经国家直接控制的金融机构所处的特定位置，也直接点明了这种未加控制的形态和整体秩序之间的因果联系。在一场蔓延至全国的银行挤兑风潮之后，整治民间金融被当作整个国家经济秩序整顿运动的一部分。在这一时期，针对民间金融风险的解决方案，是取消民间金融，或者将民间金融的产权性质转变为国有。

而在2012年的民间金融风潮中，民间金融爆发的原因被学者、媒体和政府重新加以讨论。在这场讨论中，民间金融走向危机的直接原因，被更多地归结为外部的风险。例如，世界性的经济危机引发的中小企业困难，以及中小企业面临的资金短缺等。而针对民间金融本身的深层原因，其本身涉及的罪责受到了广泛的质疑，社会舆论更多将其归结为外部制度的缺失。当改革进行了30年，在市场制度业已在诸多经济领域发展的同时，唯独金融领域的市场化和私有化被法律定义为"非法"，在这种社会情境下，大多数媒体、学者和公众对民间金融持有一种肯定的态度。而民间金融的风险所引发的社会动荡，也就更多地被归结为外部因素。

> 记者在调查中发现，去年下半年以来的多起民间借贷纠纷，大多与房地产项目搁浅有关。[1]
>
> 不甚合理的金融管制制度要对本次温州民间金融市场的危机承担责任。这样的管制压制自发形成的民间金融市场，从而导致交易紊乱……[2]

---

[1] 孟欣：《从"全民放贷"到"人人自危" 鄂尔多斯的危机与救赎》，http://finance.people.com.cn/GB/70846/17186540.html。

[2] 秋风：《温州金融危机原因探析》，《南方都市报》2011年10月13日第AA31版。

可以说，20 年后，当民间金融重新引发社会关注时，正在经历着社会集体认知层面的非罪化。表 6-2 表明了这种变化。

表 6-2　　　　　　　　　民间金融的非罪化和典型符号

年份	1985	2012
政府文件和主流媒体报道中的名词	非法集资、高利贷、吸储	民间、借贷、融资
政府和主流媒体的动词和形容词	危害、妨碍	自发、民营、促进
政府的政策	取缔、整顿、清理	立法、规范、引导

当民间金融引发的社会不稳定状态出现后，我们可以发现这一客观存在的现象。第一次主流舆论将危机产生的原因归结为民间金融本身的危害性，将其罪责化，倾向于一种内归因的方式。而第二次同样的社会危机发生时，主流媒体更多将其归结为外部环境和制度因素，倾向于一种外部归因，对民间金融本身较为宽容。

这两种截然不同的归因方式，最终体现在解决危机方式的不同。倾向于内归因的方式，导致民间金融被更加严厉地采用动员式的方式加以取缔；而倾向于外归因的方式，则意味着民间金融不能被取消，反而应该使其合法化，创造民间金融良性运行的外部环境。

（二）归因背后的理论框架争夺

2012 年以后，国家主流舆论对民间金融危机的外部归因，以及国家默许这种主流舆论存在这一现象，对中国民间金融的合法性进程产生了重大影响。这就意味着，在社会主导的集体认知中，民间金融危机的爆发，不是民间金融本身的违法性造成的，也不是其他政治和社会因素造成的。最终，国家将民间金融逐步合法化的政策，默认了民间金融危机爆发的原因，在于民间金融没有完全合法化，没有合法化的市场，使得民间金融的运行没有相应的法律保证。而解决的方式也应当是民间金融的合法化。同样的内涵，如果以一种经济学的话语体系叙述，也就是：爆发的原因在于，国家并未让金融市场充分地市场化运行。民间金融的合法化，意味着政府承认民间金融行动者借款的自由、利率的自由、契约的有效性、金融机构的私有产权，立法保障民间金融参与者的权利，其实质就是民间金融领域的市场化运作。

市场化的解决方式，以及这种市场化解决方式代表的归因，巧妙地避开了关于民间金融危机爆发的其他解释。当社会民众普遍接受这一理论解释后，民间金融问题最终转向了市场本身的问题。民间金融危机爆发的问题，从地方治理危机，回归到经济问题。这种经济问题可能是由于外部的经济危机引发，或者是由于政府的改革进程中，尚未开放民间金融市场，尚未将其完全市场化而造成的。在这一过程中，任何将民间金融危机爆发指向政治结构和地方腐败的理论解释都被弱化。在这种弱化过程中，隐含的社会矛盾和政治矛盾又被还原为市场化不足的问题，"改革"又一次成为解决矛盾的最佳途径。

但是，尽管替代性的集体认知并未显现，我们仍然不应忽视，在现实和逻辑层面，至少存在着不同的理论框架，而不同的解释框架，显然将导致不同的解决问题方案。在 D 公司破产引发的针对市政府和电视台的集体行动中，大部分行动者的集体认识中，这一次跑路风潮的重要原因，显然不是改革的力度不够，而是地方官员与民间金融企业家之间的庇护关系。正如第四章我们在调查中发现的，这种庇护关系有可能是合法的，基于地方间 GDP 竞争的考虑，也有可能是非法的，出于腐败关系而造成利益关联。从而在冲击电视台的集体行动的社会成员看来，2012 年这次民间金融跑路风潮，主要原因在于地方政府与民间金融的关联。而解决方案也不同于民间金融合法化这一国家方案，他们认为，解决问题的关键在于清理地方政府中的腐败官员，追究政府在管理方面的责任，肃清政府和民间金融组织之间的关系。

更结构性的理论解释来源于经济学、政治学的部分学者，只是这些解释往往不仅仅针对民间金融危机的爆发，而是解释更为宽泛的经济问题，可以适用于民间金融之上；或者在解决问题的层面，触及政治体制改革的解决方案之时，便戛然而止。例如，地方法团主义的解释框架，实际上是 D 公司集体行动的理论升级版本，将地方政府与地方企业之间的关系定义为一种法团主义式的联结。而政治学中关于中央政府的中央集权与地方政府关系的论述，也可以使用于民间金融。但是，这些理论框架并未成为国家主导舆论的主流，如表 6 - 3 所示，这些不同的解释系统，将导致不同的民间金融解决方案。

表 6 - 3　　　　　解决民间金融经济社会危机的四种理论框架

解释框架 1：民间金融罪责化的解释

原因	民间金融危机爆发，是由于一部分人违反了法律的规定，破坏既定的法制秩序
解决方案	打击违法犯罪，取缔民间金融
现实实施	20 世纪 80 年代末期到 90 年代的数次金融整顿运动

解释框架 2：民间金融的主流经济学解释

原因	民间金融危机爆发，是因为政府垄断金融资源。金融资源的自由市场配置，建构有法律保障的民间金融市场，是解决问题的关键
解决方案	为民间金融立法，利率市场化、建构民间金融市场
现实实施	2012 年开始民间金融市场逐步合法化

解释框架 3：民间金融的法团主义解释

原因	民间金融爆发，部分原因在于地方政府与企业之间的庇护关系
解决方案	（理论上）政治体制改革，将这种庇护关系透明化，通过法律和制度变革划定这种关系的限度。改变中央与地方权力结构
现实实施	未实施，仅逻辑推断

解释框架 4：民间金融的民众素朴理论

原因	地方政府治理的腐败导致欺诈性和掠夺性民间金融泛滥
解决方案	惩治地方腐败官员，政府为错误承担责任（隐含更激进反政府的可能）
现实实施	仅通过示威活动表达，未实施

通过表 6 - 3 可以看出，尽管历史不能假设，但是在理想情况下，至少存在其他解释危机的话语系统，分别应对不同的解决危机的手段。现实中，参与集体行动的社会成员，显然不具有将自身的解释系

统上升为主流声音的任何可能性。20 世纪 80 年代末期的计划经济时代的解释，以潮汐式动员的形式取缔民间金融的方式，被民间金融行动者以无形的力量化解，被历史地证明为失败。而政治学与社会学的解释方式，触及经济现象背后的政治结构，也没有成为政府舆论、网络媒体的主流声音。作为显学的经济学解释，在不触及其他结构因素的前提下，以市场手段解决经济问题，是一种更容易被多方接受的意义系统。

（三）以"市场"化解民间金融的社会政治风险

如上所述，民间金融危机的解决方案最终采取了主流经济学的解决方案。民间金融市场合法化也是将民间金融市场化，承认产权私有的市场化的民间金融市场。民间金融的合法化，并不等同于所有民间金融行为都成为合法的①，其实质是承认基于市场契约行为的民间金融活动，最终将依据市场原则和契约来完成。这就包含着几个发展的趋向，包括民间金融组织的产权私有的合法化，一套保障民间金融市场化运行的法制体系的建立，对民间金融活动违约或者失败后的制度化处理机制。表 6 - 4 表明了 2012 年以后，中国民间金融市场在这三个方面做出的改革：

表 6 - 4　　　2012 年后中国政府对民间金融市场的主动建构②

改革方向	进展情况
产权限制的转变	温州金融试验区和广州金融街允许私有民间借贷公司经营 2012 年后，逐步允许私有制银行出现 2013 年，67 家民营银行名称获得预批准
围绕民间金融市场的法制体系	温州、广州等地的地方性法规 酝酿中的全国性法规

---

① 民间金融合法化并不意味着，民间金融中存在的诈骗如庞氏骗局、携款潜逃等行为被认定为合法，而是承认基于契约的市场行为的有效性。对此，我们已在第三章中有所论述。

② 资料来源：中国民间金融调查报告。

续表

改革方向	进展情况
民间金融违约和失败后的处理	2012 年，仍然是非法集资罪、诈骗罪 未来，正式登记的民间金融机构有望实施金融机构破产、保险制度

业已发生和正在进行中的这些改革措施，正是为了建构出一个遵循自由、平等、竞争原则的民间金融市场。如同波兰尼在回溯欧洲市场经济建立的历史过程时发现的一样，市场往往不是自发形成的，形成市场的条件需要被人为地创造出来。

2012 年后民间金融合法化进程，也就是建构出经济学理想化的民间金融市场，以及确立保障这一市场正常运行的制度规则和意识形态的过程。这并不是一种概念偷换，而是在占据主流的经济学话语系统中，一种并不复杂的逻辑推定。最终，民间金融引发的社会政治危机，将以民间金融合法化的方式来解决。换言之，民间金融引发的危机，也加速了民间金融本身的合法化进程。

这样一来，作为第三方的经济学者、主流媒体、一般社会民众都为民间金融的演化提供了意义体系。这一体系的核心观点即承认市场的合法化是解决矛盾的重要手段，围绕着市场的建构，还需要产权私有化的合法化、金融利率的自由化、市场运行的法制化等制度建设。这一意义体系，既是国家行动者和民间金融行动者行动的解释，又为国家行动者和民间行动者的进一步行动提供了资源。我们无法武断地认定，针对民间金融的这一意义系统是国家主动式的策略性选择，还是多方互动最终的结果，抑或是其他原因，但是，我们可以确定，这种历史的结果在这一阶段恰到好处地化解了，或者可以算作缓解了特定阶段的社会政治风险。

在民间金融引发的危机上，进一步的市场化改革带来的效果，绝非仅仅是通常意义上"把改革的蛋糕做大"后，带来各方利益共同提高。这并不是简单的利益分配问题，而是在面对潜在的治理危机时，市场的合法性所带来的整体政治合法性。这一点，哈贝马斯在论述前资本主义社会的统治合法性时也着重强调过，市场及市场带来的价值体系，是早期资本主义社会统治合法性的重要来源①。具体到中国民间金融市场上，这种经由改革带来的市场合法性至少给国家和民众带来几方面的作用。

从徐州地区针对民间金融的集体运动的遣散过程来看，在得到民间金融市场将会合法化的告知后，大规模的集体行动被化解，后续的集体行动没有出现。对国家而言，提出未来民间金融市场合法化，即民间金融领域市场化的政策导向，首先将过去发生的民间经济危机归结为改革中的发展阶段问题，而非腐败问题或者地方中央的权力结构问题。这就将集体行动中的社会政治矛盾固定在经济领域。民众对这一解释的接受，使得针对政治问题的社会运动无从展开。其次，对民间金融的市场化，也会带来国家治理更进一步的合法性。市场的运行，意味着国家更少的介入，也就减少了国家在市场中承担的责任和非议。市场的建立并非仅仅是一种客观的交易场所的建构，同时附带着一套市场价值体系。公平、平等、自由竞争的市场的建立，意味着市场的风险由自主、自立的参与者承担，未来民间金融参与者利益遭受损失，将不能归咎于政府，而是归咎于自身市场决策的失败。最后，市场化的改革进程中，按照新自由主义经济学的话语系统，自由、公平、公开的市场将有可能减少政府的寻租行为，降低腐败。一部分政治与社会问题似乎可以通过进一步的经济改革来解决。

而对于民间金融的直接参与者（经营者）和一般卷入者（投资者）来说，民间金融的合法化更多地带来一种利益增加的预期，尽管这种预期能否实现尚未可知。民间金融市场的建立，必然需要相应的法律维护参与者的投资利益，投资者被民间金融经营者诈骗的情形将有法可依。与其说市场化改革的作用是做大蛋糕，增加多方的利益，不如说是市场化改革的预期，使得多方参与者都产生了未来可以获取

---

① ［德］哈贝马斯：《合法化危机》，刘北成、曹卫东译，上海人民出版社2000年版。

利益的认知。在这一意义上，政治和社会风险被暂时缓解了。

三　市场集体认同背后的现实基础

上一节，我们只是描述和分析了以"市场合法化"来解决民间金融危机的过程和结果，却无力深究背后的更多细节和"真实"动机，这是一种国家自上而下的刻意为之的行动策略还是各种利益集团博弈的产物？更详细的过程是什么？以一种实证主义的社会研究价值观看来，研究理应触及市场化理论框架出炉的详细真实过程。正如同安东尼·陈对美国民权运动的社会学研究中，对国会、议会、党派、地方政府之间关于具体法案的详细投票与舆论争夺进行了详细的描述①。但是，由于国情差异，在面对更高层的政策出炉过程时，我们仍然处于一种相对被遮蔽的无知之幕中。也许，真实动机的缺失，并不妨碍我们从侧面去理解这一现象。

我们可以确定的是，在市场集体认同战胜了其他的理论框架，成为化解经济社会风险的行动指南背后，是最近 20 年来学者—媒体共同体的兴起和经济学技术官僚治理的绝对统治地位。在民间金融合法性的建构过程中，自 20 世纪 80 年代起，不断发展的经济学和金融学，以及学者、媒体和政府决策之间的日益紧密的联系，从第三方的角度塑造了政府、公众和民间金融的底层行动者对民间金融行为的认知，也不断推进着民间金融的合法化进程。

---

① Chen, A., *The Fifth Freedom: Jobs, Politics, and Civil Rights in the United States, 1941 – 1972*, New Jersey: Princeton University Press, 2009.

第七章　制造市场合法性：
在解构与形塑之后

在中国民间金融市场变迁的历史进程中，各方行动者共同塑造了民间金融市场的合法性。在第三章、第四章中，国家力量从法律政策与实践的层面上划定了正式金融的范畴，从而定义出非法金融的概念。而随着改革的进程，不同时期的政策和法律赋予了相同的民间金融行为不同的法律合法性地位。但是，在第四章中，我们可以看到，民间金融也在改革的进程中不断变形，以获取自身的社会合法性地位。法律和政策层面的合法与不合法，并未能阻止民间金融按照其自身的逻辑不断发展。相反，最终，第六章讲述了民间金融在与地方、国家力量的对抗中，在社会其他行动者行动的影响下，不断获取社会成员的认同。经济学—媒体共同体的逐渐发展，以及底层社会通过维稳逻辑倒逼国家改革的机制，使得民间金融的合法性地位也在逐渐发生变化。

一　在市场行动者与国家之间：
一种新的市场变迁叙事

在这里，我们回到本次研究最初提到的问题上：为什么中国的民间金融从最初的法律意义上的不合法演变为法律意义上的准合法？民间金融的合法性是如何被社会地历史地建构出来的？

传统的经济学解释民间金融现象往往沿袭两种路径。最简单的解释莫过于需求决定论，即民间金融的存在适应了转型期国家经济的需要。国家提供的正式金融资源并不能满足国家经济起飞时对金融资源的需求，必须有非正式金融作为资源的补充。例如，蔡欣怡在研究中，总结出民间金融需求的多层化和碎片化是民间金融无法消亡的原因之一。这一解释便是沿着类似的逻辑，指出了民间金融存在的必然性。然而，尽管这种解释的确从一个角度回应了民间金融存在的根源，却不足以概括民间金融合法性转变的直接原因。民间金融存在的理由并不足以保证民间金融合法地位的转变。此外，在社会学的传统中，简单的功能主义解释往往受到批判，自迪尔凯姆开始，事物的功能并不能成为解释事物存在的原因，而是应用其他社会事实去解释社会事实。

另一种回答来自制度主义经济学。民间金融合法性的变迁的实质就是一种制度的变迁。而制度的变迁则分为诱致性制度变迁和强制性制度变迁。大多数中国学者认为，民间金融的制度变迁是一种自下而上的诱致性制度变迁。按照诺斯的经典制度变迁理论，当民间金融行动者发现原有的制度安排的成本大于收益之时，便会推动制度的底层变革。而制度的底层变革将会引发国家对制度变革的认可或压制。最终，国家也出于成本考虑，接受了自下而上的制度转变，正式确立了新的制度。从而民间金融的制度变革过程得以完成[1][2]。而张杰等人则强调了在制度变革中，国家成为自上而下的制度制定者。在对民间金融的研究中，张杰构想出国家对民间金融压制和放松的经济学模型，通过计算国家压制和放松民间金融的成本和收益，国家做出相应的决策，从而推进民间金融的制度变迁。

而事实上，在我们对民间金融合法性变迁过程的回顾中，不难发现，首先，在制度的变革逻辑起点上，很难区分出自下而上或者自上而下的发起者。与其说国家主导的民间金融改革抑或是民间金融行动

---

①　诸葛隽：《民间金融》，中国经济出版社 2007 年版。

②　史晋川、叶敏：《制度扭曲环境中的金融安排：温州案例》，《经济理论与经济管理》2001 年第 1 期。

者发起的制度变革，不如将其视为多方同时发生的合法性争夺战。具体到民间金融的合法性问题上，无论是国家行动者，还是民间金融行动者，最初都未曾直接推动制度变革进程①。国家在初期试图维系国有金融的垄断地位，在压制受到抵抗时，或者遭遇社会经济环境的重大改变时，不得不转变政策。而民间金融的底层行动者，在面对压制时不得不被动地转变生存策略，转入地下。反倒是制度变迁理论中忽视的第三方行动者，即一个经济学—媒体的共同体的兴起，直接推动了民间金融合法化运动展开。而政府经济政策产生的意外的社会后果，使得政府不得不面对底层民众的社会抵制机制，经济政策的转变也受到社会民众的影响。因此，在国家与市场的二分法中争论制度变迁的具体路径自上而下抑或是自下而上，反而会忽视了第三方的社会力量对于市场制度变迁的具体塑造过程。

其次，制度变迁解释中"成本—收益"的分析假设，在完成了经济变迁过程计量化的同时，简化了真实的社会历史过程。在民间金融的合法性变迁过程中，国家行动者所遵循的恰恰是比较复杂的行为逻辑。如果"成本—收益"分析被限定在经济动机方面（这也是大部分经济学家建构模型的基本假设），我们可以发现，国家行动者不仅需要面对经济因素的考虑，同时还需要面对政治稳定性的考虑。如果政治稳定、经济发展都还原为成本和收益的话，我们似乎还可以发现，政治、经济的动机并不是稳定不变的。由于在不同的意识形态、社会经济情境下认知框架的转变，处于不同的历史阶段之时，国家行动者对民间金融有着不同的政治和经济考量。更不必说国家能力限度，使得这一历史过程中出现了政策目的之外的意外后果。这一切，均使得成本—收益分析面临着偏离历史真实的极大风险。

回到这一核心问题，笔者做出社会哲学和社会学意义上的回答：首先，历史未必遵循严格的因果律，我们不能简单地说明一定是某一

---

① 我们将制度理解为不仅仅是书面的政策和法律，而是书面规定和真实实践的统一，就会发现，书面上的规定变迁并不意味着真实的制度变迁。

原因导致了某一历史现象，除非像经济学和心理学一样，还原到原子化个体的深层内驱力。其次，这一研究给出的不完美答案是，当权力资源相对集中的国家金融领域向市场化改革时，国家能力、底层民众的制度反馈策略和一个与"国家统治合法性"具有亲和关系的意义系统的确立，共同塑造了民间金融市场的合法性变迁过程。

（一）变迁动力：行动者多元动机

无论是自下而上的民间制度变迁，还是国家通过计算设计的顶层转变，都将成本—收益计算作为制度变迁的根本动力。在我们看来，民间金融合法性变迁的根本动力来源于国家、市场与社会之间的张力。如果非要将这种张力还原至行动者层面，并不能归结为纯粹的利益计算，还包含着利益、权力和认同的综合驱动力，并且随着具体情势的推移而不断变化。经济利益的诉求仅仅是民间金融合法性建构过程中的表象之一。这种利益首先被社会界定和塑造。在一种市场经济的话语符号系统逐渐占据主流地位的情境下，民间金融行动者追逐利益获得越来越多的认可。

1. 国家行动者

在民间金融危及国营金融统治地位的认知框架下，国家行动者的利益并非简单地攫取自身经济利益最大化，而是被定义为维护国家对金融资源的最大掌控，最大程度地压制民间金融。即使历史反过来证明，民间金融的发展为中国改革开放带来了巨大的收益，国家行动者仍然会忽略其中的直接经济利益。直到20世纪90年代后，市场经济改革的全面启动，市场化的共识逐渐形成，新的认知框架才会有出现的可能。而促成国家民间金融政策转变的重要因素，又部分地源于禁止民间金融所引发的社会危机。当民间金融危机爆发后，民间金融的参与者迅速将经济危机带来的风险转向地方治理危机。群体性事件的不断爆发迫使政府不得不面对金融风险带来的社会风险。在面对同一个问题时，20世纪80年代末期的中央政府采取了取缔与压制民间金融的策略，而2010年后的中央政府采取了民间金融渐进式合法化的策略。

2. 一般社会成员

另一个发挥了举足轻重作用的行动者，或者称之为行动者的集合，是第三方的社会成员。我们不能排除社会公众被卷入民间金融的利益链条之中，但是显然，在直接的利益考量之外，第三方的行动者的实践也起到了重要作用。

在民间金融的合法性变迁过程中，第三方行动者实际涵盖了被动的一般社会成员。一部分参与了反对地方腐败的社会运动，一部分作为发起社会运动的潜在性因素，影响着国家行动者的行动方向。而更为主动的行动者包括中国的新自由主义经济学—媒体共同体。这一共同体伴随着经济学教育与研究的发展、新媒体形式的兴起、舆论空间的扩大而逐步发展，直接缔造了广泛的社会共有知识体系和意义体系。在很大的层面上，全社会关于市场化改革的集体共识，与市场经济的经济学话语系统达成了一定程度的契合，并且随着历史进程不断得到市场参与者的认可。当民间金融显然成为改革中背离自由市场精神的异类时，违反现有法律的自由主义式民间金融随即获得了这一学术—媒体共同体的认同。在 21 世纪初期，民间金融合法化被认为是解决中小企业融资危机的重要方式，这种集体认知，也在不断地影响国家行动者的政策取向。因此，这一经济学—媒体共同体既为国家行动者提供了认知民间金融的框架，同时又为民间金融的行动者提供了行动的资源和认同。

当在特定阶段，国家将改革限定在经济领域，并且因此产生了治理危机时，与经济学主导的自由市场意识形态相反的社会政治理论，存在将经济问题政治化和深层化的倾向，作为一种替代性的知识系统和认知框架，却没有被国家采纳。

3. 民间金融参与者

最终，作为民间金融的组织者、参与者，民间金融的市场行动者们同时蕴含着经济行动的潜在可能性与社会行动的潜在可能性。面对特定的法律和政策调控，市场行动者采取种种逃避的策略，使得国家意志并未能以政策的形式有效地贯彻。在危机爆发之后，民间金融的受害者迅速以流行的"维权""上访"模式聚集起来，迫使政府作出回应，试图将原本被政府定为"非法""不受法律保护"的利益合法化。因为民间金融的非法化将其利益剥离了正式法律保护的范围。对政府保护的要求，实际上也就转化为民间金融合法化的要求。从而，民间金融合法化又以一种社会运动的形式表达出来。

（二）变迁路径

通过对历史的回顾，我们可以看出，在各方行动者的共同建构下，中国民间金融市场的合法性经历了几个阶段的变迁，这种变迁未必具有必然性和普遍规律性，但却是真实发生了的历史。我们用一种理论的概念框架将其加以归纳和概括，如图7-1所示。

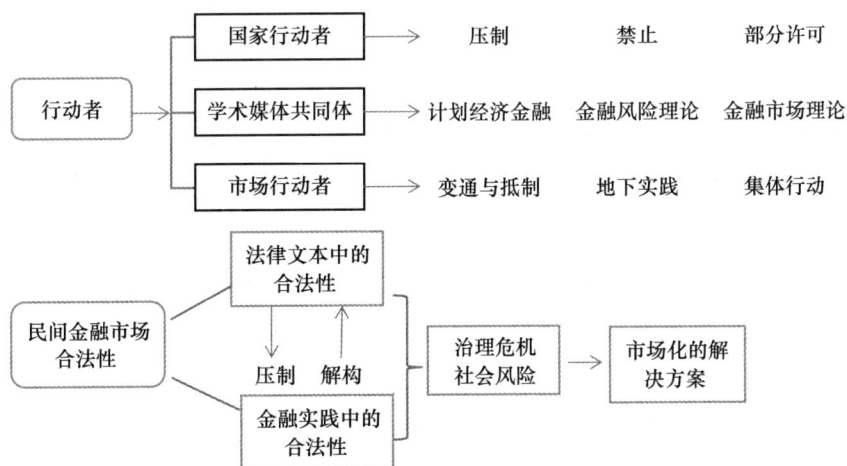

图7-1　民间金融合法性变迁的过程

在民间金融合法性变迁的过程中，去合法性、经济风险向社会风险的转移、意义系统的固定化构成了变迁的核心机制。通过这一社会政治机制，而非纯粹经济机制，中国民间金融最终呈现出今日特定的发展态势。我们把这一机制既视为对民间金融发展的不同阶段的归纳，又视为行动者的行动导向最终宏观结构的中介过程。

1. 去合法性

去合法性与合法性相对，"去"表明了一种动态的过程。在韦伯等社会科学家将"合法性"从黑格尔意义上的先天合理性转为社会属性以来，去合法性也成为一种社会过程，意指"合法性"从既有制度上的消解。而关于民间金融的研究表明，去合法性是新的制度体系和意识形态建构的前提条件。

在改革以后的中国民间金融演变史中，去合法性是民间金融行动者的行动产物，直接结果就是国家禁止民间金融的政策法规的失效。地下民间金融长期以来的庞大规模，从结果上反证了国家在改革初期的政策未能实现预期结果，未能消除不合法的民间金融。这一阶段，最明显的表现即为民间金融同时具有法律上的非合法性、市场行动者认为的合法性。当两者相矛盾时，民间金融的行动者通过行动，来消解官方法律政策的合法性，使之与市场认定的合法性相符。

当然，在任何法制完善的社会中，违法现象的存在都是常态。法律和政策的出台并非为了消灭社会失范现象，而是为了对其进行一定程度的限制，建构出合理的社会秩序。然而，人类社会中的大部分违法现象不会获得社会成员的广泛认同，很难具有社会意义上的合法性，也使得大多数禁止性法律本身获得了社会成员的认可。但是，中国民间金融演变史却提供了一个反例。民间金融本身逐渐获得社会认可，而国家的禁止性法律却受到抵制和反抗。

在第四章与第五章中，我们详细剖析了国家力量压制民间金融发展，但是却遭遇到来自底层的抗争实践的过程。宏观层面上的政策考量，在遭遇具体的微观实践之时，不得不改变自身，削足适履。当很多国家层面的规定得不到恰当执行，沦为一种形式上的规定时，我们可以用"去合法性"一词去概括这一经验过程。国家法律和政策的去合法性，意味着政策和法律的出台，并未能获得多数社会成员的认可①。

---

① "不认可"可能出于多种原因，包括习惯、利益的冲突、意识形态的冲突（如宗教问题）。

而这种不认可，在特定的政治体制下，一旦无法体现在法律和政策出台的程序之中，就只能体现在规则出台后的执行和实践层面。微观层面的抵制技术，是对强制性权力的一种反应。而对某种政策的抵制变得普遍并且成为常态之时，也就是这一政策和法律的有效性被消解之时。

正是"去合法性"的存在，提示我们国家权力存在着一定的限度。权力技术的发展，权力范围的扩大，权力实际执行队伍的壮大，都不能保证权力的最终效果。随着现代权力技术的提升，例如，边沁所谓"全景敞视监狱"，布迪厄等人提出的尚未被个体知觉的微观权力，乃至布希亚提及的网络社会中技术更加隐蔽普遍的权力，权力技术上的微观渗透和形式的变化，并没有保证国家对于市场和社会的完全掌控。对于被众多学者称为"强国家"的中国而言，政府的权力仍然是有限度的权力。甚至，在通过法律和政策等现代国家治理术进行国家意志的贯彻时，中央政府表现出来的能力，也许小于人们常识中的预期。

此种原因，一方面在于中国法制化进程的"落后"，伦理本位、关系社会与人治社会的传统，造成法律与规则在真实实践中很难获得普遍上的遵守，如第五章中，对于应对国家层面的强制力量，民间金融行动者有着丰富的实践经验和应对方式。通过将地方金融监管者由陌生人转换为有着卷入关系的熟人，使得相关的法律法规只对部分人生效，而对于具有社会关系的人则会网开一面。这样就从实践层面消解了针对性法规的有效性，而一旦这种有效性的消解成为一种社会普遍的共识，被再生产为一种潜在的真实制度，正式的文本规则就沦为了一种形式化的傀儡制度。

另一方面，在幅员辽阔的大国中，中央政府与地方政府之间的权力结构也影响了中央意志的执行。林毅夫等人曾分析地方分税制改革以后，各地为了提高自身财政收入，对于中央政策有可能出现对抗情况。也有学者提出了中国的地方经济竞争模型，正是各个省之间的GDP竞争，使得各个省为了发展经济，采取了种种手段。这也是导致中国众多环境、安全监管乃至金融监管问题突显的重要原因之一。正是地方政府与中央政府之间的权力与利益既重合又矛盾的存在，出现了第四章、第五章两章中，地方政府既要执行中央压制民间金融的政策和法律，又与地方民间金融的行动者结成了一种庇护关系。这些结构性的矛盾，最终都构成了行动者行动中可以利用的资源和手段。

正是这些因素，使得宏观的国家民间金融政策，并不能充分得到执行，或者，仅仅沦为"潮汐式"和"运动式"的社会政治动员运动。即便足够强大的国家基层组织可以最大程度地调动各方资源、贯彻国家意志，但是，随着时间的推移，原有的法律政策并不能有效持久地发挥作用，逐渐经历一个"去合法性"的过程。这一国家政策去合法性的过程，也恰恰是民间金融合法化的开端。

2. 经济风险向社会风险的转移

事实证明，经济领域从来就未能从社会中真正地"脱域"。哈贝马斯将资本主义经济危机视为整个社会系统的危机。而早在20世纪80年代末，浙江民间合会的破产潮就引发了当地的社会动荡。对于民间金融易引发社会问题的这一认识，学界和政府在20世纪80年代就有所共识，但是却给出不同的解决方案。

我们在回溯历史时发现，20世纪80年代末期到90年代初期，恰恰是政府严格整顿、取缔民间金融的高峰时期。民间金融具有风险性成为政府行动的认知指南，而政策导向正是要取消这种金融形式，从而取消其对正式金融的风险、对社会成员的风险。这种政策的取向是我们如今的一种理解，也可以从政府文件的公开措辞中管窥一斑。

然而，如果这真的是官方公布的政策诉求的话，那么国家的行动显然收到了吉登斯提出的"行动的意外结果"。国家对民间金融的取缔并未消解民间金融带来的风险，反而在某种意义上放大了风险。最终，在2010年左右，随着国内外经济形势的变化，民间金融危机爆发，随即引发参与民间金融的民众的集体行动。这种民众参与的集体行动，恰逢国家维稳的关键时期，任何群体性事件都有可能引发更大的不稳定。在这种情况下，民间金融超越经济领域，成为政府不得不处理的社会问题与政治问题。

国家行动意外地放大了民间金融风险性。金融的实质是资金的融通，其对信用的要求决定了金融实践蕴含着风险。倘若所有的金融活动最终都在国家的掌控之下，那么风险在一定程度上是可控的，这也是中央政府最初禁止民间金融的重要原因。但是，国家对民间金融的禁止不但没有消灭民间金融，反而使民间金融转入地下，赋予民间金融非法的地位。民间金融的非法地位和实际上的流行，意味着民间金融所积聚的风险没有受到法律和制度的制约，处在一种无管制和无保障的状态。这部分风险被系统性地排除在国家正式金融体系之外。

随着正式金融改革，国家对官方银行体系的风险剥离和资本化运作，20 世纪 90 年代初期的四大国有银行改革、城市银行改革及随后展开的股份制改革，使得正式金融系统走向正规化①。20 世纪 90 年代中后期，资产管理公司的建立、不良资产的剥离使得中国金融风险似乎被防患于未然。然而，正如 Guseva 指出的，正式金融体系外的金融风险并未消除，反而在不断积聚②。

最终，2008 年以来肇始于美国次贷危机的全球性金融危机爆发，国家采用紧缩银根收缩信贷等政策，减小正式金融机构面临的风险，但是，却直接将风险转移到地下金融机构。而长期以来不承认地下金融机构的合法地位，使得其更加不受法规制约，风险被进一步扩大，卷入民间金融的社会成员也愈加广泛。当民间金融泡沫破裂时，释放的经济风险没有得到合法的官方保障，瞬间转化为参与者对地方政府的抗议。在第六章中，我们可以发现民间金融参与者的诉求，他们直接将矛头指向地方权力机构与地下金融的利益勾结，同时要求国家保护原本属于"非法利益"的利益。这一诉求，经由媒体传达，迅速引起了更广泛的社会关注，进一步促进社会共识的形成。民间金融从而具有了一种成为广泛社会运动的潜在可能性，同时，也迫使国家对

---

① Guseva, K. , *Into The Red*, California: Stanford University Press, 2008.

② Ibid.

民间金融进行政策上的变革。

在哈贝马斯看来，经济风险之所以转化为社会风险，是因为资本主义社会中的阶级矛盾和种种不平等，最终被标榜着自由与平等的市场掩盖。市场机制成为资本主义统治的合法性根基之一。资本主义的经济危机打破了市场经济的神话，最终会引发系统的社会危机①。但是在社会主义市场经济的中国社会，经济危机更快地转向社会风险的一个直接原因，在于市场参与者与统治者之间，并没有很好的权力表达机制。市场运行的规则在政治层面自上而下地颁布与制定，较难具有"自发形成""民主形成"等合法性的外衣，一旦民众利益受损，立即将反对的焦点指向治理者，成为一种"治理危机"。在具体的案例中，我们可以看到，地方政府在治理民间金融时，采用放任和暗中鼓励的方式，但是当民间金融危机出现，却无力保障参与者的"非法"权益。于是，利益受损者迅速将矛头指向地方政府，质疑其与民间金融活动有着权钱交易的关系。

3. 社会意义系统的转变

一个关于"民间金融理应合法化"的意义系统的完全固化，将是民间金融合法性变迁的终结。民间金融合法化的法律系统，只不过是确定这一意义系统完成的象征性符号系统。但是这一意义系统的产生与发展，在时间的序列上，伴随着"去合法性"与"经济风险向社会风险"转移过程的始终。

如果说改革初期，民间金融的发起者、国家行动者与学者们对民间金融持有者完全不同的理念的话，唯一可以将这三者统和在一起的，莫过于一种"改革集体共识"，即改革本身即具有首要的合法性。在第三章中，我们可以看到，民间金融的经营者保有一种信念，即"民间金融今天可能不合法，但是经济改革最终会让其合法"②。温州早期的钱庄经营者，也试图从国家关于改革的文件中找寻合法性

① ［德］哈贝马斯：《合法化危机》，刘北成、曹卫东译，上海人民出版社2000年版。
② 资料来源：访谈材料F。

的依据，最终给出了关于国家 1 号文件的不同解读。国家在实体经济领域对"个体户"和"私营公司"的开放，为民间金融经营者带来金融领域必将改革的心理预期。同样，地方政府也在这一过程中，对改革的可能抱有一种期待。而国家层面上，经济制度的不断变革，在客观上也使得人们对旧有制度并不抱有强烈的认同，因为新的制度随时有可能产生。

随着改革开放的进程，市场经济体制逐渐发展，西方经济学理论不断引入，并且与实践日益紧密地结合在一起，中国社会发生变革的不仅仅是经济体制。伴随着市场经济制度而来的，是与之相配套的一系列集体认知。"公平""自由竞争""重视个人利益"的理念获得了大部分社会成员的认可。

在这一过程中，经济学—媒体的行动者共同体起到了重要的作用。20 世纪 80 年代以来，经济学逐渐成为中国的显学。经济学的基本思想理念也随着人才的扩张渗透进社会与市场的各个层面。政府也逐渐依赖"技术专家"治理金融问题。经济学不仅仅在描述着现实世界，同时也在操演着（peform）、改变着现实世界①。在研究民间金融的过程中，民间金融从最初金融风险的制造者，到解决中小企业融资的重要手段，到最终化解金融危机必须使民间金融合法化。经济学始终为官方决策提供基本的认知框架，也为底层的行动者提供合法性的依据。而众多的学术研究，也通过媒体表达出来，对于民间金融达成了正面意义的宣扬。最终，这种理念得到了官方的认可，即金融领域也需要市场化改革，放开金融领域对民营企业的限制。

"民间""民营""自发""利率的市场化"与"官方""国营""压制""利率的国家化"分别对应着不同的经济理念和集体认知。中国民间金融合法性的演变，正是"市场经济"作为一种制度，又同时作为一种意识认知成为共识，在改革开放的历史进程中获得确立

---

① Callon, M. , *The Laws of the Markets*, Oxford: Blackwell, 1998.

和发展的诸多个案之一。

"去合法性""经济风险向社会风险的转移""社会意义系统的转变"尽管在时间序列上未必有着严格的先后顺序，却共同构成了民间金融合法性变迁的逻辑序列。这一过程很好地解释了一个现象，即在一个国家占据绝对权力的社会中，表面上国家主导的经济改革如何被"倒逼"的过程。这种倒逼的力量不仅来自市场经济自身运行的经济逻辑，也来自权力自身遭遇社会之后的限度。与其说整个市场经济改革的进程赋予民间金融市场最终的合法性地位，倒不如说市场合法性地位最终确立的结果，曲折但又最终地体现了社会民众的利益和共识，从而缓解了更大层面上的社会与政治合法性问题。

二　市场经济背后的社会基础：解释改革的经济社会学还原

在这一研究中，笔者实际上遵循了经济社会学的传统，揭示了一个常识中人们限定为"经济现象"背后的"社会现象"。一种经济现象变迁的背后，往往蕴含着社会的变迁。民间金融合法性变迁，其实质还是合法性争夺背后的国家、市场与社会的角色问题。

在经济社会学的经典著作《大转型：我们时代的政治与经济起源》中，波兰尼不仅阐释了经济社会学的经典概念"嵌入性"，同时提出了社会对于市场的方向作用。即"现代社会由一种双向运动支配着：市场的不断扩张以及它所遭遇的反向运动"。当市场制度"浸没于社会关系之中"，被国家力量通过一系列反贫困法案、土地法案确立出来的现代市场经济，必然会遭遇来自社会的抵制力量。正是社会的抵制力量保护了受到市场体系侵袭的社会体系[①]。

而在民间金融的案例上，国家、市场与社会似乎遵循着另外一种

_____

① ［英］卡尔·波兰尼：《大转型：我们时代的政治与经济起源》，冯钢、刘阳译，浙江人民出版社 2007 年版。

运行的逻辑。当国家力量对市场经济进行压制之时，不仅仅是市场本身产生一种自发的抵抗力量，社会同样会产生出对抗国家压制的力量。波兰尼提及的社会体系抵制市场扩张的力量，在中国社会的转型中并不罕见，例如：各地层出不穷的抵制拆迁征地的案例，可以视为对房地产产业化的抵制；东北地区老工业基地下岗职工的种种抗争和不满，是对国有经济产权转制的抵制；各地开展的环保抗议游行，是对市场经济与自然环境矛盾的抵制。然而，在民间金融上，来自社会的力量却与市场经济更好地融合，成为促进中国金融市场化的正面力量。

在此，我们不妨做出一个更加大胆的假设：处于国家与市场中间的社会，并不先天必然倾向于市场经济，或者是对抗于市场经济。"社会"只是一个相对性的概念。波兰尼所谓的社会对于市场经济的抵制运动，最终仍然要归结于相对具体的行动者，某种"社会共同体"，或者马克思意义上的"阶级"。社会对于市场经济的倾向或者对抗取决于特定历史时期和社会情境下，特定社会群体、国家与市场的相对关系。

在中国的民间金融发展历程上，在国家主导的渐进式改革之中，金融部门在相当一段时间处于"国家控制"的地位，而相应的实体经济部门，则迅速开始了市场化改革。当中国南方地区出现了大量非公有制经济时，更多的社会民众迅速被卷入非公有制经济部门中。垄断金融资源的国家政策，阻碍非公有制经济的发展，迫使大量的社会民众站到了国家政策的对立面。而中央集权国家的特殊权力结构，不仅没有成为国家推行金融控制政策的有效手段，反而成为民间金融行动者行动的有效资源。这种国家政策和法律的去合法性过程，最终带来了国家政策目的之外的治理危机和社会风险。最终，国家、社会与民众在民间金融的争夺战中，共同选择了一种将危机回归到经济领域的道路。

再回到研究开始的问题上，为什么中国民间金融在压制下获得了更多的合法性地位？我们给出一种最宽泛而抽象的解释：市场与国家之间的社会①的存在，导致了民间金融的合法化。这种市场合法化是更大程度上国家统治合法化要求的一部分，是特定政治经济环境下社会与国家关系的体现：一种社会自我运行的逻辑将在特定的领域中，构成对国家权力的制约和挑战，使得国家行动与社会民众在长时段的历史中逐渐形成一种相互的妥协、协调和共识，市场合法化是缓解这一治理危机的结果。

我们将进一步把这一粗略解释细化，阐释其中蕴含的逻辑。传统解释逻辑下，市场中的行动者与国家行动者之间存在着单一领域的联系，国家或被假设为经济行为的管理者与仲裁者，或被假设为利益寻租者。国家与市场间存在着双向的反馈关系。如图7-2所示。

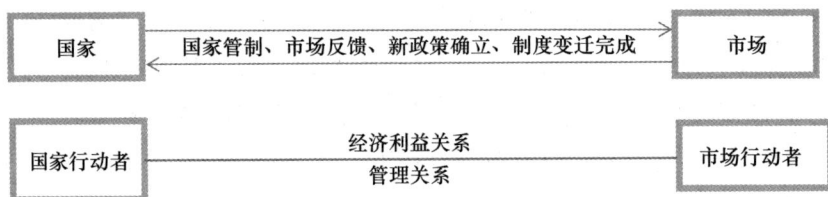

图7-2　经济学视角下国家与市场的关系

而社会学的视角，则是对国家与市场之间的关系加以拓展，二者之间除了经济与管理关系，同时还存在着社会与权力关系。如图7-3所示。尤其在中国社会，国家既是经济管理者，又是社会管理者，同时还是政权的掌握者。而市场行动者，既作为市场上的一员，又作为社会中的一员，具有潜在的社会运动力量。

国家与市场行动者之间的关系，从简单的经济关系，还原为权力关系和经济关系的结合体。国家在考虑转变经济政策的效用函数同

---

① 此处的社会，包含市民社会的形态，但不仅仅限于传统意义上的市民社会。即使没有作为实体和组织化了的市民社会的存在，具有反思性与变通性的社会行动者本身也构成了绕开政策与法律而自我行动的一种潜在可能。而社会运行的逻辑在某种意义上即为社会中最广泛的成员传统、行动与认同的逻辑。此处的社会近似于"民贵君轻"中"民"的概念。

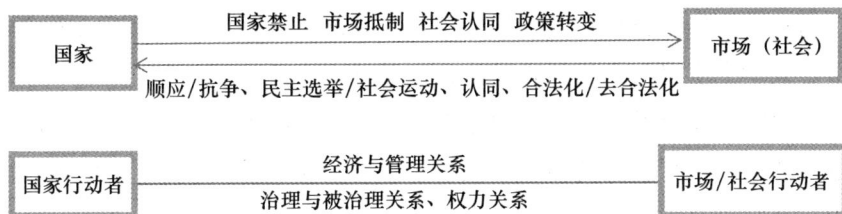

图 7 - 3　加入社会政治维度后国家与市场的关系

时，也必须考虑经济政策带来的治理合法性问题。在西方资本主义社会，形式上的民主选举、立法和社会利益集团的公开政治表达，使得社会对国家的反馈在大多数情况下无须通过法律的对抗来完成，尽管也存在着诸如占领华尔街的经济社会运动，但是，仍然没有逾越国家的法律规定。

　　而在中国社会，特定的转型期社会情境包含了法律本身的特殊主义、改革带来的法律不确定性、权力结构的可利用性，此种情境下，面向国家经济决策的反馈以一种非暴力的软抵抗的方式存在，并且，这种软抵抗的方式最终以威胁国家治理稳定的方式获得一定程度的成功。在某种程度上，这也是特定政体的国家，面对既是经济对象，又是治理对象的社会民众时，做出的妥协与调适。即使在一个缺乏西方式民主的强国家，主导经济改革和国家命运的，仍然不仅仅是单向度的国家，最终决定历史走向和发展趋势的，依然是最广大的人民群众。

三　对政府调控与自发市场秩序问题的再思考

　　历史的意义不在于再现昨日的细节，而在于我们理解今天的中国特色的社会主义市场经济。这段历史恰好涉及了社会科学领域最为基础和经典的议题，也就是政府干预和市场自主运行的关系问题。围绕这一议题扩展开去，关于市场的本质、治理市场的方式，人类的经济生活中市场与国家孰重孰轻的问题，在现代国家的市场治理中需要更多的自由市场还是更多的市场干预？这种涉及人类本性、国家本性的争论在学术意义上，仍然将无休止地继续下去。

中国民间金融市场，成功地由法律意义上的不合法，转变为国家逐渐认可、部分放开的市场，是否意味着国家管控的市场治理方式的失败，一种自发的市场秩序的胜利呢？对这一问题的回答是复杂的。历史的进程告诉我们，这是一种国家、民众和社会三方作用的结果，但并不是一种自发市场秩序的胜利。最终确立起来的秩序，不是一种简单的自发的感性秩序，而是一种人为建构的"市场"秩序。国家认可民间金融市场的合法地位，不是民间金融市场先天合法性的体现，而是一种"认为民间金融市场具有先天合法性"的意义系统获得国家的认可。这种认可，未必是因为市场经济本身哲学意义上的真理性和必然性，而是因为当市场经济成为主流趋势后，采用市场经济的必要性。

具体表现在这段民间金融的历史上，在考虑到政治稳定与权力有限性的认知基础后，国家的市场化改革，并不是纯粹出于市场能带来经济效率的考虑，或者出于国家行动者获取经济利益的考虑。相反，市场化成为解决以往社会行动意外后果的手段，即构成了更大范围的治理合法性需求的一部分。

（一）市场合法性的社会建构

正如苏联计划经济时期曾经取得过的经济辉煌，不能证明计划经济的合法性一样，市场经济在冷战后取得的压倒性胜利，也不能证明市场可以自发地走向成功。无论是市场经济，还是计划经济、国家管控的经济形态在特定区域内成功，都是一种社会多方力量角逐后的具体产物。自发式的市场经济被国家、社会和民众广泛地采纳，只能说明这种自发调节的理念获得了集体的认可。这种认可未必仅仅源自理念本身的真理性，而是源自这种理念在特定的社会情境下契合了国家—民众之间治理与被治理关系的需要。

在哈贝马斯看来，早期资本主义社会中，市场及市场所带来的一整套系统的价值观念，例如，平等、自由竞争、对个体自我负责的意义体系，为统治阶层稳固地统治民众提供了良好的合法性资源。而晚期资本主义社会，由于经济运行的客观要求，政府不得不采用凯恩斯主义干预市场，导致这种原有的意义系统受到质疑，产生一种合法性的危机①。在计划经济时代，国家对经济资源的分配同样具有自身的一整套合法性理论，一旦原有的分配体制瓦解，新的经济形式出现，面对结果上的社会不公正，国家同样需要市场，以及市场带来的一系列价值观念，来证明政治治理的合法性。

因而，市场，尤其是西方经济学理念中的市场，并不是一种自发秩序，而是一种与国家和社会民众之间的关系密切相关的生成性秩序。国家在何种情境下采取市场化手段，何种情境下采取权力直接介入的手段，取决于国家与被治理的民众之间的互动结果，市场既然可以作为解决治理问题的手段，那么计划调节、权力介入同样也可以作为解决治理问题的技术手段。只不过，这种选择，也并非由政府单方面做出，政府的政策选择会在具体的实践中遭遇到社会的纠正②。这也就解释了，为什么市场化和非市场化都有可能在某些时候遭遇到普遍性的强烈抵制。一方面，既出现了波兰尼论述的抵制市场运动，而非市场的政府举动，也同样会遭遇到诸如中国民间金融式的抵制。因为无论是"市场化"还是"干预化"都有可能成为一种客观的技术手段，代表着一种人为的理性秩序，与真正的感性化的既有社会秩序相矛盾。

（二）为什么历史选择了市场：从嵌入性到耦合性的理论假设

波兰尼的嵌入性概念表明了经济关系与社会关系之间的结构特征，呈现出一种嵌入状态，经济关系嵌入在社会结构之中。卡如瑟斯

---

① ［德］哈贝马斯：《合法化危机》，刘北成、曹卫东译，上海人民出版社 2000 年版。

② 但是，不同的社会治理体系，尤其是社会政策的反馈机制，导致纠正的历史过程是不一样的，这将决定政策意外后果之后的纠正效率。这就意味着社会治理，尤其是一个完善的良性的社会信息反馈机制和民主决策机制，在经济发展中的重要意义。

则具体提出了经济关系受到政治关系的影响，经济关系嵌入在政治结构中，具有一种政治嵌入性。而如果我们从中国这种政治经济体制具有特殊性的社会来看，经济关系与政治关系之间，不仅仅是单向度的嵌入，即政治关系影响到经济关系。我们也能看到另外一种方向的力量，经济关系连同其他因素一起，影响到更大层面的政治合法性，从而反过来又影响到原本的经济关系。这是一种经济关系和社会关系的双向嵌入，如果我们借用计算机专业的一个常用术语的话，可以将其称为特定的社会情境下，政治关系和经济关系的耦合性（coupling）。耦合性用来衡量模块之间相互影响的程度，与独立性相反。

将政治经济耦合性的概念引入，是为了解释市场与国家调控这两种手段的选择，并不是单纯的经济考虑，而是一种综合性的政治经济产物。中国民间金融市场的最终建立，取决于真实实行着的经济制度，以及经济制度可以提供的合法性框架与国家—民众的权力平衡的真实实践之间的耦合性。

值得注意的是，国家权力从直接经济活动中的撤出，也许可以视作一种经济关系的"脱嵌性"，却没有在本质上改变政治关系和经济关系的耦合性。因为这种撤出仍然是与政治有关的撤出。这种"脱嵌"的表象本身并不能割裂所谓"非政治的经济关系"的存在和发展对整个政治系统的巨大意义。

政治关系和经济关系的耦合性背后，实际上体现了中国改革以来，一种与西方自由主义经济理论不相符的现象。政府通过政治的力量来推动经济的去政治化，或者说通过非市场的力量来推动市场化的改革走向。按照一种理想的情况，当政府无所作为的时候，市场会自发地出现或者发育。这一点已经被波兰尼以来的社会学家驳斥，经济社会学的观点表明哪怕西方的现代市场制度的建立，也是在特定的历史情境下由国家参与的制度建构过程。

按照一种非此即彼的观念来看，国家对市场让步了，就意味着国家力量的退出，或者国家权力的削弱，表明了市场的脱嵌现象。实际上，国家和市场的关联是通过社会，或者通过民众这一更广阔的纽带耦合在一起，是一种更深层次上的关联状态。即使国家从市场经济中退出，国家仍然承担着无法摆脱的治理义务。经济领域中存在的任何问题，都有可能通过民众，转化为一种直接影响到国家治理合法性的社会问题。在这个意义上，哪怕在最标榜自由主义的西方国家，国家和社会都从未从市场中退出。

中国特色的社会主义市场经济制度，国家与市场绝非一种对立的关系，市场和国家也并不简单存在着所谓"国进民退"，"民进国退"的争夺关系。加入社会和治理的变量后，政府恰恰可以出于非经济利益的因素，例如，民众对制度的消极反馈，社会和民众的根本利益诉求，来权衡自身在市场中的经济资源和经济利益，实现更大程度的治理合法性而不断地改革自身。

从另一个意义上讲，出于学术分工的要求和现代科学的要求，现代经济学的兴起意味着对原有古典政治经济学的去政治化，而本书则在一定程度上将纯粹经济话题带回到政治经济层面。

（三）从市场治理到社会治理

首先需要声明的是，笔者并非一个反市场主义者，反对市场经济在中国的发展。自由市场形式在民间金融领域中的基本确立，既不是完全自发形成的改革，也不是政府单方面的策略产物，而是国家顺应社会趋势的历史必然。中国的改革的市场化走向，是一种历史的演进趋势，也是人民群众和国家行动的共同结果。这恰恰体现了马克思主义关于人民的历史观。中国的市场化改革在本质上，不仅仅是政府主动设计的改革，或者仅仅是围绕着某种抽象理念的改革，而是在反复的实践中，政府顺应最广泛的人民群众利益的改革。

不能忽视的一点是，政治经济关系耦合性的解释告诉我们，当改革逐渐深入后，仅仅以经济学的方式，以树立市场合法性的方式，并不能解决民间金融乃至以后经济领域存在的所有问题。

在民间金融引发金融风险与社会风险后，部分底层的行动者将其指向地方性的治理问题。而跳开经济效率的概念束缚，我们也可以发现中央—地方的权力结构，部分地方政府的政治低效率，社会民众与国家行动者之间的利益诉求方式，整个转型时期的法律特殊主义和不确定性，都共同导致了民间金融问题以今日这一面貌呈现。仅仅将民间金融推向合法化和市场化，忽略影响民间金融的其他政治社会环境，仍然有可能造成偏离国家行动者意图的"市场化"过程，也许会形成权贵市场经济、地方保护下的市场等非平等的市场形态。

在面对更广阔的社会经济领域时，尤其是面对社会矛盾与经济矛盾纠缠在一起的情形时，仅仅用经济学理论解释综合性的社会经济矛盾，用市场化改革来试图化解社会经济矛盾，无疑是单向度的和简单化的。对国家治理者而言，仅仅用经济改革来化解众多矛盾是不够的，哪怕我们假定单向度的经济改革可以带来经济持续增长的结果，这种经济增长也未必能在长时段内解决治理背后的其他潜在风险。在一定的历史时期，或者说是尚未市场化的领域，我们可以看到其他因素引发的对抗治理的矛盾以市场化诉求的形式出现，但是在已经市场化的领域，也许未来的矛盾又有可能是以反市场化的形式出现。例如，我们已经可以看到在房地产市场，以及房地产市场相关的征地和拆迁问题上，出现了这种对抗市场的可能性。因此，一个更加综合和全面的改革方案是有意义的，有必要在经济改革之外，考虑到政治、文化、社会方面的综合改革。

最后，回到国家调控与自发市场秩序的经典论辩中。对这一问题本体性的讨论，也就是国家调控与自发市场秩序谁更具有绝对真理性和先天合法性的讨论，在笔者看来，是永远不可能有统一答案的。国家调节和自发的市场秩序，抛开具体社会情境下的治理需要，二者中的任何一个，都不具备先天的道德优越性和真理优越性。因此，这种分歧仅仅是人们看待国家治理问题的两种基本取向的不同，是对一种既有政治治理秩序再辩护的理论系统。我们有必要做到一种二者绝对真理意义上的"悬置"。事实上，邓小平的经典论述"白猫黑猫"论已经将这一问题悬置，化解为具体的技术问题。无论在资本主义社会，还是在社会主义社会，这都将是一个涉及统治者与民众之间的政治稳定性的技术问题。

　　与其停留在"左"与"右"的争论之中，不如更好地减少国家治理与社会民众之间的紧张关系。当然，可以构想一种理想的社会与市场治理状态，一种社会自主治理更加充分的状态，即国家仅仅扮演民众矛盾的调节者和仲裁者。民众自主地选择，无论是采用自由竞争的市场化，还是将主导权交予第三方，这样具体情境下"左"与"右"的选择真正由人民来决定。这种理想状态很难实现，我们也许可以退而求其次，至少可以做到国家政策和真实民意之间的有效沟通，使得主流的民众意见可以更加有效率和有效果地上升为国家意志，减少国家行动者与民众行动者之间的对抗，更好地体现最广大人民群众的根本利益。这些，都是需要在市场化改革之外的社会领域发生的。

参考文献

中文文献

白永秀、任保平主编：《新中国经济学 60 年（1949—2009）》，高等
  教育出版社 2009 年版。

陈蓉：《"三农"可持续发展的融资拓展：民间金融的法制化与监管
  框架的构建》，法律出版社 2010 年版。

戴春景：《金融社会学》，黑龙江人民出版社 1989 年版。

段育文：《借贷危机》，电子工业出版社 2013 年版。

费孝通：《乡土中国 生育制度》，北京大学出版社 1998 年版。

高晋康、唐清利编著：《我国民间金融的规范化发展（2011）》，法律
  出版社 2012 年版。

广州民间金融研究院、中央财经大学金融学院课题组：《中国民间金
  融发展研究报告》，知识产权出版社 2013 年版。

何俊志、任君锋编译：《新制度主义政治学译文精选》，天津人民出
  版社 2007 年版。

胡方松：《温州民间借贷风暴》，中国民族摄影艺术出版社 2012
  年版。

李树生：《北京郊区民间投资问题研究》，中国金融出版社 2007
  年版。

李扬等主编：《中国城市金融生态环境评价（2005）》，人民出版社
  2005 年版。

李义平：《经济学百年：从社会主义市场经济出发的选择与评介》，

生活·读书·新知三联书店 2007 年版。

刘煜辉主编：《中国地区金融生态环境评价（2006—2007）》，中国金融出版社 2007 年版。

马永翔：《心智、知识与道德——哈耶克的道德哲学及其基础研究》，生活·读书·新知三联书店 2006 年版。

饶育蕾、张轮：《行为金融学》，复旦大学出版社 2005 年版。

王海洲：《合法性的争夺——政治记忆的多重刻写》，江苏人民出版社 2008 年版。

王曙光：《金融发展理论》，中国发展出版社 2010 年版。

吴思：《潜规则》，云南人民出版社 2001 年版。

张杰：《中国金融制度的结构与变迁》，中国人民大学出版社 2011 年版。

张静：《基层政权：乡村制度诸问题》，浙江人民出版社 2000 年版。

张元红等：《中国农村民间金融研究：信用、利率与市场均衡》，社会科学文献出版社 2012 年版。

中国金融年鉴编辑部：《中国金融年鉴》，中国金融年鉴杂志社出版公司 1985—2006 年版。

周德文、吴比：《温州样本——温州民营经济三十年》（上卷），鹭江出版社 2009 年版。

诸葛隽：《民间金融》，中国经济出版社 2007 年版。

［奥］路德维希·冯·米塞斯：《人的行动：关于经济学的论文》，余晖译，上海人民出版社 2013 年版。

［德］伽达默尔：《真理与方法》，洪汉鼎译，商务印书馆 2001 年版。

［德］哈贝马斯：《合法化危机》，刘北成、曹卫东译，上海人民出版社 2000 年版。

［德］齐美尔：《货币哲学》，陈戎女译，华夏出版社 2002 年版。

［德］韦伯：《经济与社会》，林荣远译，商务印书馆 1997 年版。

［德］韦伯：《儒教与道教》，洪天富译，江苏人民出版社 2003 年版。

［法］布迪厄、［美］华康德：《实践与反思——反思社会学导引》，

李猛、李康译，中央编译出版社 1998 年版。

〔法〕福柯：《规训与惩罚：监狱的诞生》，刘北成译，生活·读书·新知三联书店 2003 年版。

〔法〕迪尔凯姆：《社会学方法的准则》，狄玉明译，商务印书馆 1995 年版。

〔法〕孟德斯鸠：《论法的精神》，许明龙译，商务印书馆 2012 年版。

〔美〕贝斯利：《金融学原理》，王宇译，北京大学出版社 2010 年版。

〔美〕彼得·伯格、托马斯·卢克曼：《现实的社会构建》，汪涌译，北京大学出版社 2009 年版。

〔美〕查尔斯·蒂利、西德尼·塔罗：《抗争政治》，李义中译，译林出版社 2010 年版。

〔美〕戈夫曼：《日常生活中的自我呈现》，冯钢译，北京大学出版社 2008 年版。

〔美〕戈兹曼、罗文霍斯特等：《价值的起源》，王宇等译，中国人民大学出版社 2010 年版。

〔美〕卡尼曼、斯洛维奇、特沃斯基：《不确定状况下的判断》，方文等译，中国人民大学出版社 2008 年版。

〔美〕孔飞力：《叫魂》，陈兼、刘昶译，上海三联书店 2012 年版。

〔美〕赖特·米尔斯：《社会学的想象力》，陈强、张永强译，生活·读书·新知三联书店 2016 年版。

〔美〕林南：《社会资本：关于社会结构与行动的理论》，张磊译，上海人民出版社 2005 年版。

〔美〕诺斯：《理解经济变迁过程》，钟正生、邢华等译，杨瑞龙、郑江淮校，中国人民大学出版社 2008 年版。

〔美〕帕特南：《独自打保龄：美国社区的衰落与复兴》，刘波等译，北京大学出版社 2011 年版。

〔美〕斯梅尔瑟、斯威德伯格主编：《经济社会学手册：第 2 版》，罗教讲、张永宏等译，华夏出版社 2009 年版。

〔美〕威廉姆森：《市场与层级制》，蔡晓月、孟俭译，上海财经大学出版社 2011 年版。

［日］青木昌彦：《比较制度分析》，周黎安译，上海远东出版社 2001
年版。

［英］安东尼·吉登斯：《社会学方法的新规则：一种对解释社会学
的建设性批判》，田佑中、刘江涛译，社会科学文献出版社 2003
年版。

［英］安东尼·吉登斯：《为社会学辩护》，周红云、陶传进等译，社
会科学文献出版社 2003 年版。

［英］哈耶克：《致命的自负》，冯克利等译，中国社会科学出版社
2000 年版。

［英］卡尔·波兰尼：《大转型：我们时代的政治与经济起源》，冯
钢、刘阳译，浙江人民出版社 2007 年版。

［英］马林诺夫斯基：《西太平洋上的航海者》，张云江译，九州出版
社 2007 年版。

［英］帕特南：《使民主运转起来：现代意大利的公民传统》，王列、
赖海榕译，中国人民大学出版社 2015 年版。

［英］佩特·D. 斯潘瑟：《金融市场结构与监管》，戴国强等译，上
海财经大学出版社 2005 年版。

中文期刊文章

陈氚：《"操演性"视角下的理论、行动者集合和市场实践——以重
构中关村电子产品市场的失败为例》，《社会学研究》2013 年第
2 期。

陈氚：《超越嵌入性范式：金融社会学的起源、发展和新议题》，《社
会》2011 年第 5 期。

陈国兴：《关于温州农村金融市场及其对策的探讨》，《上海金融》
1986 年第 2 期。

段向坤、严淑琴：《比较法制史视野下的中国古代金融法制——以借
贷、典当和票据为例》，《法律文献信息与研究》2012 年第 1 期。

顾曰国：《奥斯汀的言语行为理论：诠释与批判》，《外语教学与研究》1989 年第 1 期。

国务院农村发展研究中心实验区办公室：《农村实验区金融体制改革——1987—1988 年的回顾和展望》，《农村金融研究》1989 年第 6 期。

黄达：《金融、金融学及其学科建设》，《当代经济科学》2001 年第 4 期。

黄宗智：《悖论社会与现代传统》，《读书》2005 年第 2 期。

吉明、钱敏、吴登宽：《关于规范担保机构与银行业金融机构业务合作情况的调查与建议》，《浙江金融》2007 年第 3 期。

孔晖：《民间金融组织复苏的思考——对皖东金融所的调研》，《金融研究》1988 年第 11 期。

李维庆：《近现代中国典当业之研究》，博士学位论文，南开大学，2009 年。

刘少杰：《陌生关系熟悉化的市场意义——关于培育市场交易秩序的本土化研究》，《天津社会科学》2010 年第 4 期。

刘少杰：《制度研究在社会学中的兴衰与重建》，《江苏社会科学》2006 年第 6 期。

刘少杰：《中国经济转型中的理性选择与感性选择》，《天津社会科学》2004 年第 6 期。

刘世定：《底层政府干预下的软风险约束与农村合作基金会》，《社会学研究》2005 年第 5 期。

刘世定：《危机传导的社会机制》，《社会学研究》2009 年第 2 期。

刘玉照、田青：《新制度是如何落实的——作为制度变迁机制的"通变"》，《社会学研究》2009 年第 4 期。

钱存瑞：《对完全市场模型的剖析》，《理论研究》1994 年第 2 期。

秦晖：《"大共同体本位"与传统中国社会》，《社会学研究》1998 年第 5 期。

秋风：《温州金融危机原因探析》，《南方都市报》2011 年 10 月 13 日第 AA31 版。

石玉生、徐金鹏、汪洪洋：《把鸟笼做大一些——华东金融体内外循环的一种新思路》，《瞭望》1989 年第 15 期。

史晋川、叶敏：《制度扭曲环境中的金融安排：温州案例》，《经济理论与经济管理》2001 年第 1 期。

孙建刚：《对钟祥县农村民间金融组织的调查与思考》，《银行与企业》1988 年第 6 期。

谭岳衡：《从压制走向深化的跳跃——关于金融改革的几点分析》，《农村金融研究》1988 年第 4 期。

王育华：《乐清县民间金融风潮的透视和思考》，《上海金融》1989 年第 2 期。

文军：《制度建构的理性构成及其困境》，《社会科学》2010 年第 4 期。

谢哲明：《从储金会看民间金融活动的法律调整》，《法学》1987 年第 4 期。

杨朝世：《崇武镇兴办渔民集资的民间金融组织》，《中国水产》1989 年第 4 期。

张军：《中关村电子市场交易秩序研究》，博士学位论文，中国人民大学，2010 年。

张翔：《合会的信息汇聚机制——来自温州和台州等地区的初步证据》，《社会学研究》2006 年第 4 期。

张翔：《退出成本、信息和冲突——以一起标会会案的发生和解决为例》，《社会学研究》2008 年第 1 期。

张翔：《以政府信用为信号——改革后温台地区民营存款类金融机构的信息机制》，《社会学研究》2010 年第 6 期。

张一平等：《对民间信用机构的调查报告》，《金融研究》1987 年第 7 期。

郑清华：《福清县海口城头地区民间抬会活动的调查与思考》，《福建师范大学学报》1989 年第 2 期。

周长城、殷燕敏:《金融市场的社会学视野》,《社会学研究》1999 年第 6 期。

周雪光:《论制度社会学在当代的建构》,《江苏社会科学》2006 年第 6 期。

英文文献

Abolafia, M. Y. , "Interpretive Politics at the Federal Reserve", in Cetina, K. and A. Preda (ed.), *The Sociology of Financial Markets*, New York: Oxford University Press, 2005.

Abolafia, M. Y. , *Making Markets: Opportunism and Restraint on Wall Street*, Cambridge: Harvard University Press, 1996.

Abrams, P. , "History, Sociology, Historical Sociology", *Past & Present*, No. 87, May, 1980.

Ahmed, A. H. and D. Adams, "Transaction Costs in Sudan's Rural Financial Markets", *Africa Review of Money, Finance and Banking*, No. 1, 1987.

Allen, F. , J. Qian and M. J. Qian, "China's Financial System: Past, Present and Future", in Brandt and Rawski (ed.), *China's Economic Transition: Origins, Mechanism, and Consequences*, Cambridge: Cambridge University Press, 2006.

Allen, F. , J. Qian and M. J. Qian, "Law, Finance and Economic Growth in China", *Journal of Financial Economics*, Vol. 77, 2005.

Aryeetey, E. and C. Udry, "The Characteristics of Informal Financial Markets in Africa", *Africa Economic Research Consortium Paper*, 1995.

Austin, J. L. , *How to Do Things with Words*, Oxford: Clarendon, 1962.

Ayyagari, K. , A. Demirguc and V. Maksimovic, "Formal versus Informal Finance: Evidence from China", *The Review of Financial Studies*, Vol. 25, No. 8, 2010.

Baker, W. , "The Social Structure of a National Securities Market", *Amer-

ican Journal of Sociology, Vol. 89, 1984.

Besley, T. and A. Levenson, "The Role of Informal Finance in Household Capital Accumlation: Evidence from Taiwan", *Economic Journal*, Vol. 106, 1996.

Beunza, D. and D. Stark, "How to Recognize Opportunities: Heterarchical Search in a Trading Room", in *The Sociology of Financial Markets*, New York: Oxford University Press, 2005.

Biggart, N. , "Banking on Each Other: The Situational Logic of Rotating Savings and Credit Associations", *Qualitative Organzation Research*, Vol. 3, 2001.

Biggart, N. W. and T. D. Beamish, "The Economic Sociology of Conventions: Habit, Custom, Practice, and Routine in Market Order", *Annual Review of Sociology*, Vol. 29, 2003.

Bose, P. , "Formal-Informal Sector Interaction in Rural Credit Markets", *Journal of Development Economics*, Vol. 56, Issue 2, 1998.

Boswell, J. , "The Informal Social Control of Business in Britain: 1880 – 1939", *The Business History Review*, Vol. 57, 1983.

Boyreau-Debray, G. , "Financial Intermediation and Growth: Chinese Style", *World Bank Policy Research Working Paper*, 3027, 2003.

Breeden, D. T. , "An Intertemporal Asset Pricing Model with Stochastic Consumption and Investment Opportunities", *Journal of Financial Economics*, Vol. 7, No. 2, 1979.

Burawoy, M. , *The Extended Case Method: Four Countries, Four Decades, Four Great Transformations, and One Theoretical Tradition*, Berkeley: University of California Press, 2009.

Burt, R. , *Structure Holes*, Cambridge: Harvard University Press, 1992.

Callon, M. , *The Laws of the Markets*, Oxford: Blackwell, 1998.

Callon, M. and F. Muniesa, "Economic Markets as Calculative Collective Devices", *Organization Studies*, Vol. 26, 2005.

Callon, M. , "Four Models for the Dynamics of Science", in S. Jasanoff
(ed.), *Handbook of Science and Technology Studies*, Cal: Sage Publi-
cation, 1995.

Callon, M. , "What Does it Mean to Say that Economics is Performa-
tive?", in MacKenzie (ed.), *Do Economists Make Markets?* New
Jersey: Princeton University Press, 2007.

Carruthers, B. and J. C. Kim, "The Sociology of Finance", *Annual Re-
view of Sociology*, Vol. 37, 2011.

Carruthers, B. and L. Ariovich, *Money and Credit*, Malden: Polity Press,
2010.

Carruthers, B. , *City of Capital: Politics and Markets in the English Finan-
cial Revolution*, New Jersey: Princeton University Press, 1996.

Cetina, K. K. , "How are Global Markets Global? The Architecture of a
Flow World", in *The Sociology of Financial Markets*, New York: Oxford
University Press, 2005.

Cetina, K. and A. Preda, *The Sociology of Financial Markets*, New York:
Oxford University Press, 2005.

Chen, A. , *The Fifth Freedom: Jobs, Politics, and Civil Rights in the
United States, 1941 – 1972*, New Jersey: Princeton University Press,
2009.

Cheng, X. and H. Degryse, "The Impact of Bank and Non-bank Financial
Institutions on Local Economic Growth in China", *Tilburg Law and Eco-
nomics Center Discussion Paper*, 2006.

Coase, R. , "The Nature of the Firm", *Economica*, Vol. 4, No. 16,
1937.

Cochoy, F. , "A Sociology of Market-things: On Tending the Garden of
Choices in Mass Retailing", *The Sociological Review*, 2007.

Coleman, J. , "Commentary: Social Institutions and Social Theory", *A-
merican Sociology Review*, Vol. 55, 1990.

DiMaggio, P. and W. Powell, "The Iron Cage Revisited: Institutional Isomorphism and Collective Rationality in Organizational Fields", *American Sociology Review*, Vol. 48, 1983.

Dobbin, F., *Inventing Equal Opportunity*, New Jersey: Princeton University Press, 2009.

Dobbin, F., *Forging Industrial Policy: The United States, Britain, and France in the Railway Age*, Cambridge: Cambridge University Press, 1997.

Dobbin, F., *The New Economic Sociology*, New Jersey: Princeton University Press, 2004.

Edelman, L. and M. Suchman, "The Legal Environments of Organizations", *Annual Review of Sociology*, Vol. 23, 1997.

Ferguson, C. and J. Gould, *Microeconomic Theory*, Homewood, Ill: R. D. Irwin, 1975.

Fligstein, N. and L. Dauter, "The Sociology of Markets", *Annual Review of Sociology*, Vol. 33, 2007.

Gambetta, D., *The Sicilian Mafia*, Cambridge: Harvard University Press, 1993.

Garcia, M., "The Social Construction of a Perfect Market: The Strawberry Auction at Fontains-en-Sologne", in MacKenzie (ed.), *Do Economists Make Markets?* New Jersey: Princeton University Press, 2007.

Garmaise, M. and T. Moskowitz, "Informal Financial Networks: Theory and Evidence", *The Review of Financial Studies*, Vol. 16, 2003.

Germidis, D., "Financial System and Development: What Role for the Formal and Informal Sectors ?" OECD, *study papers*, 1991.

Ghazali, "Kut (Informal Rotating Credit) in the Livelihood Strategies of Urban Household in Penang, Malaysia", *Area*, Vol. 35, 2003.

Giddens, A., *Modernity and Self-identity*, Stanford: Stanford University Press, 1991.

Granovetter, M. , "Economic Action and Social Structure: The Problem of Embeddedness", *The American Journal of Sociology*, Vol. 91, No. 3, 1985.

Guseva, K. , *Into The Red*, California: Stanford University Press, 2008.

Hall, P. and Taylor, R. , "Political Science and the Tree New Institutionalisms", *Political Studies*, 1996.

Henry, S. , "The Political Economy of Informal Economies", *Annals of the American Academy of Political and Social Science*, Vol. 493, 1987.

Jodhka, S. , "Who Borrows? Who Lends? Changing Structure of Informal Credit in Rural Haryana", *Economic and Political Weekly*, Vol. 30, No. 39, 1995.

Katherine, V. , *The Vanishing Hectare: Property and Value in Postsocialist Transylvania*, New York: Cornell University Press, 2003.

Keister, L. A. , "Financial Markets, Money and Banking", *Annual Review of Sociology*, Vol. 28, 2002.

Knorr, K. and A. Preda, *The Sociology of Financial Markets*, New York: Oxford University Press, 2005.

Latour, B. , *Reassembling the Social: An Introduction to Actor-Network-Theory*, New York: Oxford University Press, 2005.

Lee, S. Y. , *Money and Finance in the Economic Development of Taiwan*, London: Macmillan Press, 1990.

Levenson, A. and T. Besley, "The Anatomy of an Informal Financial Market: Rosca Participation in Taiwan", *Journal of Development Economics*, Vol. 51, Issue 1, 1996.

Levine, R. and S. Zervos, "Stock Market, Bank and Economic Growth", *American Economic Review*, Vol. 88, 1998.

Lie, J. , "Sociology of Markets", *Annual Review of Sociology*, Vol. 23, 1997.

Light, I. and D. Zhong, "Gender Differences in Rosca Participation within

Korea Business Household", in *Money Go Rounds: The Importance of Rotating Savings and Credit Associations for Women*, New York: Oxford University Press, 1995.

Light, I. , I. J. Kwuon and D. Zhong, "Korean Rotating Credit Associations in Los Angeles", *Amerasia Journal*, Vol. 16, 1990.

Lomnitz, L. , "Informal Exchange Networks in Formal Systems: A Theoretical Model", *American Anthropologist*, Vol. 90, No. 1, New Series, 1988.

Lucas, R. E. , "Asset Prices in an Exchange Economy", *Econometrica*, Vol. 46, No. 6, 1978.

MacKenzie, D. and Y. Milo, "Constructing a Market, Performing Theory: The Historical Sociology of a Financial Derivatives Exchange", *American Journal of Sociology*, Vol. 109, 2003.

MacKenzie, D. , F. Muniesa and L. Siu, "Introduction", in MacKenzey (ed.), *Do Economists Make Markets?* New Jersey: Princeton University Press, 2007.

MacKinnon, R. , *Money and Capital in Economic Development*, Washington, D. C. : The Brookings Institution, 1973.

Mann, B. , *Republic of Debtors: Bankruptcy in the Age of American Independence*, Cambridge: Harvard University Press, 2002.

Mason, C. and T. Harrison, "The Size of the Informal Venture Capital Market in the United Kingdom", *Small Business Economics*, Vol. 15, 2000.

Meliza, A. , "A Review of Politics Imping on the Informal Credit Markets in the Philippines", Working Paper Series No. 88 – 112, *Philippine Institute for Development Studies*, 1992.

Meryer, J. and B. Rowen, "Institutionalized Organizations: Formal Structure as Myth and Ceremony", *American Journal of Sociology*, Vol. 83, No. 2, 1977.

Morgan, G., "Market Formation and Governance in International Financial Markets: The Case of OTC Derivatives", *Human Relations*, Vol. 61, 2008.

Muniesa, F. and M. Callon, "Economic Experiments and the Construction of Markets", *Do Economist Make Markets?* New Jersey: Princeton University Press, 2007.

Nisbet, C., "The Relationship between Institutional and Informal Credit Market in Chile", *Land Economics*, Vol. 45, 1969.

Pagura, M., "Demand Dynamics, Outreach Expansion, and Product Innovation: Recent Research in Rural Finance", *Savings and Development*, Vol. 31, No. 3, 2007.

Pagura, M. and M. Kirsten, "Formal-Informal Financial Linkages: Lessons from Developing Countries", *Small Enterprise Development*, Vol. 17, 2006.

Patrick, H. and Y. C. Park, *The Financial Development of Japan, Korea, and Taiwan: Growth, Repression, and Liberalization*, New York: Oxford University Press, 1994.

Paxton, J., "Technical Efficiency in the Rural Financial Sector: Evidence from Mexico", *The Journal of Developing Areas*, Vol. 39, 2006.

Peters, G., *Institutional Theory in Political Science: The "New Institutionalism"*, London and New York: Willington House, 1999.

Pollock, N. and R. Williams, "The Sociology of a Market Analysis Tool: How Industry Analysts Sort Vendors and Organize Markets", *Information and Organization*, Vol. 19, 2009.

Preda, A., "The Investor as a Culture Figure of Global Capitalism", in *The Sociology of Financial Markets*, New York: Oxford University Press, 2005.

Sassen, S., The Embeddedness of Electronic Markets: The Case of Global Capital Markets, in Cetina, K. and A. Preda (ed.), *The Sociology of*

Financial Markets, New York: Oxford University Press, 2005.

Scott, S. and D. Cable, "Network Ties, Reputation, and the Financing of New Ventures", *Management Science*, Vol. 48, No. 3, 2002.

Shiller, R. J., "From Efficient Market Theory to Behavioral Finance", *Journal of Economic Perspective*, Vol. 17, No. 1, 2001.

Simon, H. A., *Administrative Behavior*, New York: Free Press, 1957.

Smelser, N. J. and R. Swedberg, *The Handbook of Economic Sociology*, New Jersey: Princeton University Press, 1994.

Srivastava, P., "Are Formal and Informal Credit Markets in India Interlinked?", *Economic and Political Weekly*, Vol. 27, No. 41, 1992.

Stiglitz, J. E. and A. Weiss, "Credit Rationing with Imperfect Information", *The American Economic Review*, Vol. 71, No. 3, 1981.

Stiglitz, J. E., "Peer Monitoring and Credit Markets", *The World Bank Economic Review*, IV, 1990.

Swedberg, R., "Can There Be a Sociological Concept of Interest?", *Theory and Society*, Vol. 34, No. 4, 2005.

Swedberg, R., "Major Traditions of Economic Sociology", *Annual Review of Sociology*, Vol. 17, 1991.

Swedberg, R., "The Role of the Market in Max Weber's Work", *Theory and Society*, Vol. 29, No. 3, 2000.

Tang, S. Y., "Informal Credit Markets and Economic Development in Taiwan", *World Development*, Vol. 23, Issue 5, 1995.

Timberg, T. and C. Aiyar, "Informal Credit Market in India", *Economic and Political Weekly*, Vol. 15, 1980.

Tsai, K., "Banquet Banking: Gender and Rotating Savings and Credit Associations in South China", *The China Quarterly*, No. 161, 2000.

Tsai, K., *Back-Alley Banking: Private Entrepreneurs in China*, Ithaca: Cornell University Press, 2002.

Tsai, K., "Adaptive Informal Institutions and Endogenous Institutional

Change in China", *World Politics*, Vol. 59, 2006.

Tsai, K. , "Imperfect Substitutes: The Local Political Economy of Informal Finance and Microfinance in Rural China and India", *World Development*, Vol. 32, 2004.

Udry, C. , "Risk and Insurance in a Rural Credit Market: An Empirical Investigation in Northern Nigeria", *The Review of Economic Studies*, Vol. 61, 1994.

Uzzi, B. , "Embeddedness in the Making of Financial Capital: How Social Relations and Networks Benefit Firms Seeking Financing", *American Sociological Review*, Vol. 64, 1999.

Uzzi, B. , "Knowledge Spillover in Corporate Financing Networks: Embeddedness and the Firm's Debt Performance", *Strategic Management Journal*, Vol. 23, No. 7, 2002.

Von Pischke, J. D. , *Rural Financial Markets in Developing Countries*, John Hopkins University Press, 1983.

Walter, C. and F. Howie, *Red Capitalism*, Hoboken: John Wiley & Sons LTD, 2011.

White, H. , "Where Do Markets Come from?" *American Journal of Sociology*, Vol. 87, 1981.

Zelizer, V. , "Beyond the Polemic on the Market: Establishing a Theoretical and Empirical Agenda", *Sociological Forum*, Vol. 3, No. 4, 1998.

Zelizer, V. , *Morals and Markets: The Development of Life Insurance in the United States*, NJ: Transaction Books, 1983.